センスを磨く！
色彩レッスン

Discover your best color and style

ヨシタミチコ

成美堂出版

Contents

Part.1
『自分色』を見つける！
カラー別：コーディネート　14

『自分色』を見つけましょう！　16

Color Basic Lesson
色彩の基礎　5

1. 色のしくみ　6
2. カラーアンダートーンシステム　8
3. 配色調和　9
4. パーソナルカラーと
　カラーアンダートーンシステム　11
5. フォーシーズンカラー　12
6. 色の組み合わせ　13

Pastel Summer

パステルサマーのあなたに似合う色　20
ピンク　22
ブルー　24
グレー＆ブラック　26
レッド　28
グリーン　30
比べてみましょう　32
自分で配色Lesson!　33

Brilliant Winter

ブリリアントウィンターのあなたに似合う色　34
ピンク　36
ブルー　38
グレー＆ブラック　40
レッド　42
グリーン　44
比べてみましょう　46
自分で配色Lesson!　47

＊この本に関するお問い合わせは
0422-55-5460
E&Gクリエイツまでお願い致します
受付 ＊13：00〜17：00
土日祝はお休みです

Bright Spring

- ブライトスプリングのあなたに似合う色　48
- ピンク　50
- ブルー　52
- ブラウン　54
- レッド　56
- グリーン　58
- 比べてみましょう　60
- 自分で配色Lesson!　61

Deep Autumn

- ディープオータムのあなたに似合う色　62
- ピンク　64
- ブルー　66
- ブラウン　68
- レッド　70
- グリーン　72
- 比べてみましょう　74
- 自分で配色Lesson!　75

Part.2 『暮らし』に提案！テーマ別：配色Lesson　76

- あなたの香りとイメージカラー　78
- あなたに似合う宝石　79
- あなたを引きたてる花　80
- 小物でセンスアップ　81
- おいしい食卓のテーブルコーディネート　82
- インテリア上手になる　83
- ラッピング上手になる　84
- 恋に成功する色は　85
- あなたのパーティスタイル　86
- あなたのアウトドア・レジャースタイル　87
- あなたのビジネススタイル　88
- あなたに向く仕事　89

- ●色の仕事　90
- ●切って使えるカラーチップ　93

Column

- 女性ホルモンを活性化させる色……22
- 青は理性の色……24
- 白のイメージ……26
- 赤は"勝負服"……28
- ダイエットしたいとき……30
- 美人は照明で決まる！……36
- 地域で違う色の好み……38
- 黒はアバンギャルド……40
- 色の不思議……42
- 色で時間は長くなる……44

- 色が見えるのはなぜ？……50
- 紫はナルシスト……52
- 茶は安定を約束する……54
- 色彩ボランティア®……56
- 黄緑は若さの色……58
- 気持ちを豊かにするオレンジ……64
- 黄とゴールド……66
- ディープオータムのグレー……68
- 色のカレンダー……70
- 色で体型をカバーする……72

Introduction

　私たちは生まれながらに自分自身の色を持っています。隣の人と比べてみると肌の色、髪や目の色に微妙な違いがあることに気づくはず。これを『自分色』と呼んでいます。

　肌色に透明感があり、髪の色はソフトブラウン、かと思えば浅黒い肌と黒い瞳、ピンクの頬が印象的だったりします。この自分色で似合うファッションカラーもかわってきます。同じ赤でも暖かみが感じられるオレンジレッドと赤紫のブルーレッド、あなたにふさわしいのはどちらでしょう。

　自分色は「パステルサマー」と「ブリリアントウィンター」、「ブライトスプリング」と「ディープオータム」の4タイプ。似合う色の代表はそれぞれ30色ありますが、なかでも人気の高いピンクからグリーンまでのベーシックカラーは上手に着こなしましょう。

　私たちの印象は、"会って30秒が勝負"です。自分色にマッチしたファッションカラーでセンスのよさをアピールすれば、あなたの好感度もぐんとアップするはず。真面目で知的に見せたいとき、可愛い印象を残したいときなど、色は言葉以上のコミュニケーションツールとなります。

　ファッションのみならず、インテリア、フラワーアレンジメント、ラッピングにいたるさまざまな生活シーンの中で、自分色をいかしながらさらにセンスを磨いてください。

WAMカラリスト　ヨシタミチコ

Color Basic Lesson

はじめに、色とは何かを知りましょう

"色相"、"明度"、"彩度"、"色味度"…
色の世界は奥が深く、不思議なことがたくさんあります。
配色を考える上で必要な、色彩の基礎をわかりやすく解説しました。
基礎を知ったら、あなたはきっと"色の世界"に魅了されることでしょう。

1. 色のしくみ
Color's Construction

いったい色は何色くらいあるのでしょう。わたしたちがふだん目にしている色は、数万とも、数十万色ともいわれます。このたくさんの色の性質を整理する上で大切なのは、「色の三属性」といわれる色相・明度・彩度、そして色味度です。

カラーアンダートーンシステム（CUS®）で色のしくみを見てみましょう

すべての色を、"ブルーみが多く含まれているか、イエローみが多く含まれているか"によって2つに分ける考え方です。

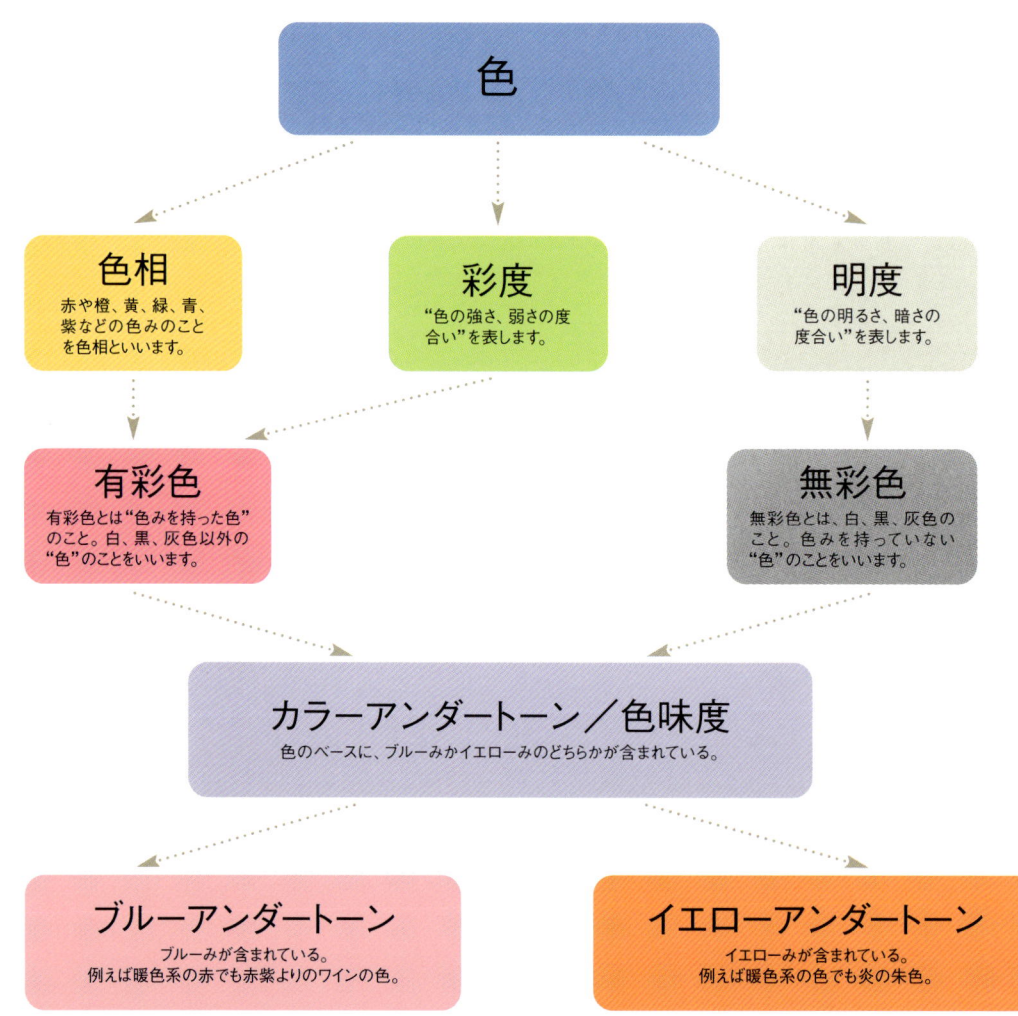

色相環

色相
●虹にかかるそれぞれの色が"色相"

簡単に言うと「虹色」をぐるっと環にしたものが色相環。虹の色を思い描いてみてください。外側の赤からオレンジ、黄、緑という具合に変化し、内側が紫になります。この"赤から紫へ徐々に変わる色み"を"色相"といい、環にしたものを色相環と呼びます。

明度
●色の明るさ、暗さの度合いを表すのが"明度"

もっとも明度の高い明るい色は白で、もっとも明度の低い暗い色は黒になります。

Such as? 例えば
赤系の色を例にしてみましょう。明度が「高い」のはピンクで、明度が「低い」のはえんじ色になります。

明度の段階

彩度
●色の強さ、弱さの度合いを表すのが"彩度"

色みの強い色は彩度が「高い」色みの弱い色は彩度が「低い」と表現します。

Such as? 例えば
100%のトマトジュースを想像してみてください。このジュース(純色)にいろいろ混ぜていくと、明度が高くなったり低くなったりしますが、彩度は色を加えるほど低くなります。

彩度の段階

Knowledge:マメ知識
色みのもっとも強い色を「純色」といいます。純色は"これ以上は色みが入らないぐらい最高に色みがつまっている"状態です。

カラーアンダートーン／色味度
●色相に含まれる色味の違い

同じ色でも左は冷たい印象があり、右は暖かい印象がありますね。じつは、左側にはブルーみが、右の色にはイエローみが含まれているのです。このようにベースの色相にイエローみ、ブルーみが含まれている色をそれぞれ"イエローアンダートーン""ブルーアンダートーン"と呼びます。

ブルーアンダートーン　　イエローアンダートーン

Color Basic Lesson

2. カラーアンダートーンシステム (CUS®)
Color Undertone System

配色には、色相環が役に立ちます。
カラーアンダートーンシステムの色相環は色味度の違いでブルーアンダートーン、イエローアンダートーンの2つの色相環に分けられます。

● カラーアンダートーンとは

色のベースにブルーみが含まれているか、イエローみが含まれているかどうかで、同じ色でも印象が違います。同じ事は暖色系だけでなく寒色系についてもいえます。
このように、色に含まれている"ブルーみとイエローみの具合"をWAMでは"色味度"と呼び、2つのグループに分けるシステムを「カラーアンダートーンシステム」といいます。

● 色味度によって分けられる

この色味度での違いを、ブルーがベースになっているものを"ブルーアンダートーン"、イエローがベースになっているものを"イエローアンダートーン"と呼びます。

色相環に、色味度の変化と色の調子（明度、彩度）を変えたものが、下の図です。
ブルーアンダートーンの色相環の純色（C）と、イエローアンダートーンの色相環の純色（C）に白を混ぜていくと優しい色（A）になり、逆に黒を混ぜていくと暗い色（E）になります。この"色の調子"のことを"色調"といいます。
同じ赤でもずいぶんイメージが違いますね。

色相環 ブルーアンダートーン
ベースにブルーみが含まれている

色相環 イエローアンダートーン
ベースにイエローみが含まれている

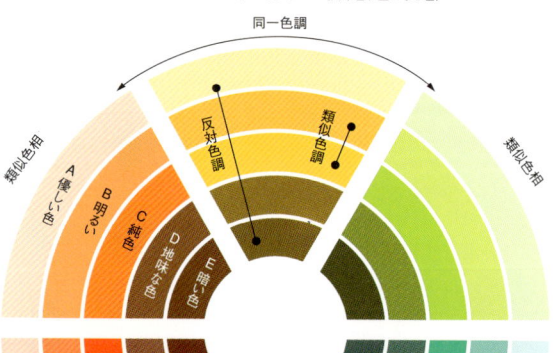

3. 配色調和
Color Harmony

カラーアンダートーンによる配色調和を、さらに色相配色と色調配色に分けて考えてみましょう。
"色相配色"は、色相を組み合わせた配色のこと。"色調配色"は、明度・彩度による色の組み合わせのことです。
P.8の色相環を用いて、細かく説明します。

●配色とは？

"2色以上の色を並べて新しく色の効果をうみだすこと"を配色といいます。
私達は、ひとつの色を見ているとき、その色だけではなく実は周囲の色と一緒に見ています。
周囲の色と調和しているかいないかで、その色はきれいに見えたり、そうでなかったりします。
配色には、色相環が役に立ちます。ファッションや部屋のインテリアのコーディネーションなどをすてきに見せるポイントは配色にあります。

色相配色

同一色相

色みが同じ色、いわゆる同系色の組み合わせです。
統一感があり、穏やかなイメージになります。

ブルーアンダートーン

イエローアンダートーン

Knowledge:マメ知識
同系色というのは、もともとは同じ色。ある色に黒を混ぜていくと暗い色に、逆に白を混ぜていくと明るい色になります。

類似色相

類似配色とは、色みの近いもの同士の組合せで"色相の隣同士"での配色。
統一感があり、穏やかなイメージになります。

ブルーアンダートーン

イエローアンダートーン

Knowledge:マメ知識
色相環で見ると、ちょうど反対の位置にある(180°の位置)色を"補色"といいます。補色同士がもっともコントラストの強い刺激的な配色になります。

反対色相

色相環で見ると向かい合う位置にある反対色での配色。
変化の強い調和が生まれます。

ブルーアンダートーン

＊補色

イエローアンダートーン

＊補色

Color Basic Lesson

Q まとまり感がでる配色は?
A 色相、色調が同一、もしくは類似性があるとまとまり感がでます。

Q まとまり感はあるけれど、単調にならないようにするためには?
A 「色相を統一した場合は"色調"で変化」をつけ、それと同じように「色調を統一した場合は"色相"で変化」をつけることがポイント。

Q まとまり感とは逆に、変化を強調する配色は?
A 変化を強調する配色は、「"色相"や"色調"を対照にとる」こと。互いに色を強調しあうような配色です。

P.8の色相環を用いて、色調配色を説明します。

色調配色

ブルーアンダートーン / イエローアンダートーン

同一色調
色調が同じ色同士で組み合わせた場合では統一感があり、穏やかな配色になります。

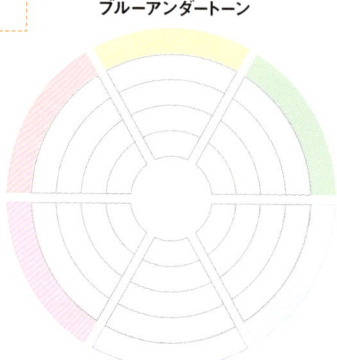

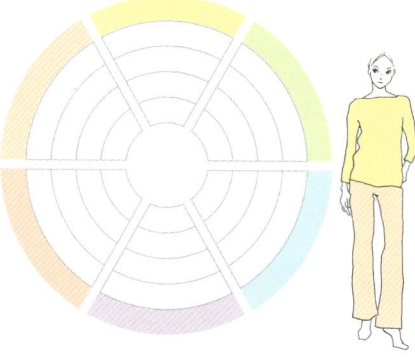

類似色調
色調の近いもの同士の組み合わせは、共通要素が多く、調和と変化が表現しやすい配色になります。

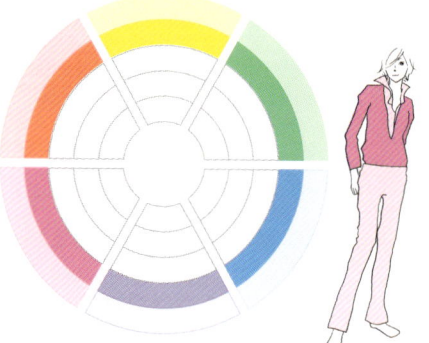
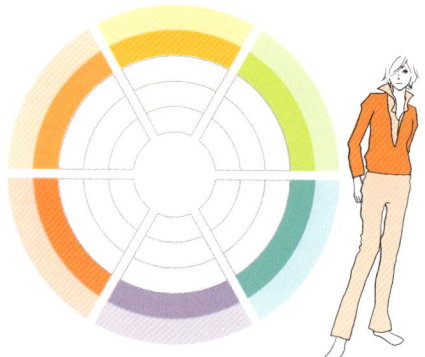

反対色調
色相環の中で反対の位置にある色調の組み合わせ。変化のある配色になりますが、色相を同一や類似にすると統一感がでます。

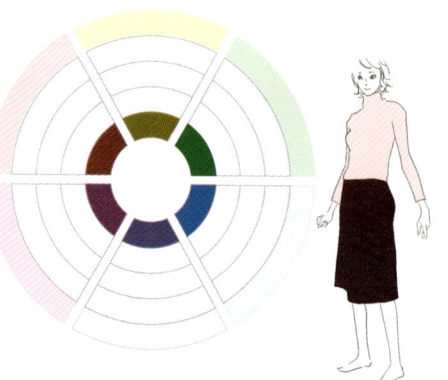

4. パーソナルカラーとカラーアンダートーンシステム(CUS®)
Personal Color & Color Undertone System

パーソナルカラーとは、あなたに似合う『自分色』。
『自分色』は"同じアンダートーンの色同士は調和する"という考えに基づいています。

●『自分色』パーソナルカラーとは

流行のファッションで出かけたのに注目度ゼロ。おまけに友だちから「顔色がさえないわね」とか、「寝不足なの？」と言われてガッカリしたことはありませんか。
言われた方は「好きな色なのに・・・」とすっかりファッションに自信を無くしてしまいがち。じつは"好きな色"＝"似合う色"とはかぎらないのです。

●似合う色と好きな色は違います

"似合う色"とは"好きな色"ではなく、あなたの顔の表情や全体の雰囲気に輝きをプラスしてくれる色。イキイキと元気にきれいに見せてくれる色のことなのです。
ポイントは、あなたの髪、瞳、肌の色にあります。それも、ヘアカラーやメイクをする前の色。あなた自身が生まれながらにして持っている髪、瞳、肌の色味と調和するアンダートーンと色調を見つければOK。

●4つのシーズンカラー

あなたを素敵に見せる『自分色』は4タイプ。初夏の紫陽花に代表されるブルーやピンクのスモーキーでソフトな色が似合う"パステルサマータイプ"、白、黒などのメリハリをきかせたコントラスト配色が楽しめる"ブリリアントウィンター"タイプ、また春の花畑に多い黄色や黄緑が似合う"ブライトスプリング"タイプ。秋の季節のようなブラウンやオレンジがメインの"ディープオータム"タイプ。
それぞれ似合う色は30色。あなたはどのタイプ？
P.16のチェックシートであなたの『自分色』を見つけましょう。
そこにあなたの『パーソナルカラー』があります。

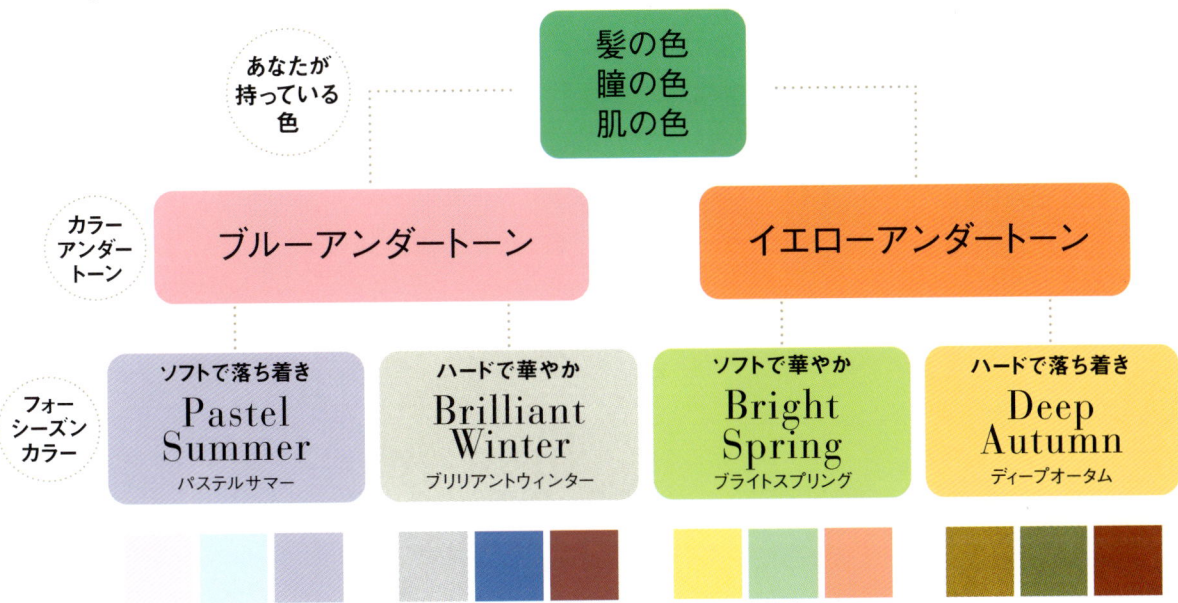

Color Basic Lesson

5. フォーシーズンカラー
Four Seasons Color

フォーシーズン・カラーの特徴をカラーアンダートーン（CUS®）、色相、色調（明度・彩度）効果的な配色からまとめてみると次のようになります。

フォーシーズン・カラーの特徴

	ブルーアンダートーン		イエローアンダートーン	
	パステルサマー	ブリリアントウィンター	ブライトスプリング	ディープオータム
色相	色相に少しブルーやグレーが含まれた全体に優しくて上品な色、ブルー系が豊富。オレンジ系はなく、イエロー系も少ない	無彩色のピュアーホワイト、ブラック、グレーを含み、彩度の高い鮮やかな色がある。オレンジ系がなく、イエロー系も少ない	色相は豊富にある。暖かみのある明るい色が特徴	ブラウン、オレンジ、グリーン系が多く、グレー系、ブルー系、ピンク系は少ない
色調	中・高明度で低中彩度	中明度で高彩度・高明度で低彩度	高明度で中・高彩度	低明度で彩度は低から中、高までバリエーションに富んでいる
効果的な配色	ソフトなグラデーション配色	強いコントラスト配色でアクセントをつける	明るい色を使った多色配色	深い色でアクセントをつける

パーソナルカラートーン

フォーシーズンカラーの"色調"をトーン図に置き換えると、このようになります。

ブリリアントウィンター　優しい色
ブライトスプリング　明るい色
パステルサマー
ブリリアントウィンター　純色
地味な色
ディープオータム　暗い色

白／無彩色／黒　高明度／中明度／低明度　明度
低彩度　中彩度　高彩度　彩度

6. 色の組み合わせ
Combination on Color

ここでは、"色の組み合わせ"で使われる用語をイラストで解説します。
配色例の左側がブルーアンダートーン。右側はイエローアンダートーンです。

アクセント

アクセント＝強調。"引き立たせる"という意味です。そのままでは平凡で単調な配色でも、ある1色を加えて変化をつけることで引き締まり、いきいきとしてくるテクニック。

コントラスト

お互いの色の強烈な対象によってバランスをとることを"コントラスト"といいます。色の強さと弱さ、明るさと暗さのように、対照的な色でバランスをとります。

ビビッドなピンクがアクセントカラー　　紺がアクセントカラー

色相環の反対側の位置にある色同士でコントラスト配色　　色相環の反対側の位置にある色同士でコントラスト配色

グラデーション

明度や彩度を、段階的に高低をつけ、色相は黄、黄緑、緑、青とだんだん規則的に変化していくことで、リズム感を出します。

セパレーション

"分離"という意味。隣り合った色が強すぎる場合や、暗く重い配色の時、その中間に主に"無彩色"を入れることで、それぞれの色が分離し、配色が落ち着くことをいいます。

明度、彩度のグラデーション　　色相のグラデーション

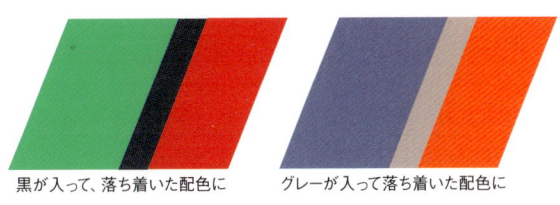

黒が入って、落ち着いた配色に　　グレーが入って落ち着いた配色に

ドミナント

配色の全体を支配する色またはトーンを効果的に使うことで、全体に統一感と融和が見られます。

ドミナントカラー　　　　　　　　　　　　ドミナントトーン

赤紫系のドミナントカラー　赤橙系のドミナントカラー　優しい色のドミナントトーン　明るい色のドミナントトーン

Part.1

『自分色』を見つける!
カラー別：コーディネート
Personal Color

あなたは、自分に似合う色を知っていますか?
自分では「この色が似合う!」と思っていても、もしかすると、大きな間違いをしているかもしれません。
「あなたには似合う色が30色もあるのですよ」と言われたら、驚きませんか?
本当に自分に似合う30もの色がわかったら、あなたの印象が大きく変わるはずです。
Part.1では、あなたのシーズンカラーを見つけ、
ピンク、ブルー、ブラックやブラウン、レッド、グリーンのカラー別に、配色例を掲載しました。
あなたのシーズンがわかったら、メインに使いこなしたい上記の色のページを開いてください。
思ってもいなかったコーディネートがきっと見つかるはず。
ファッションだけに限らず、絵を描くときやお花をアレンジするときなど、
"色の組み合わせ"を考えるときに必要なヒントがたくさんつまっています。
そしてあなた自身のセンスがグッとアップするに違いありません。

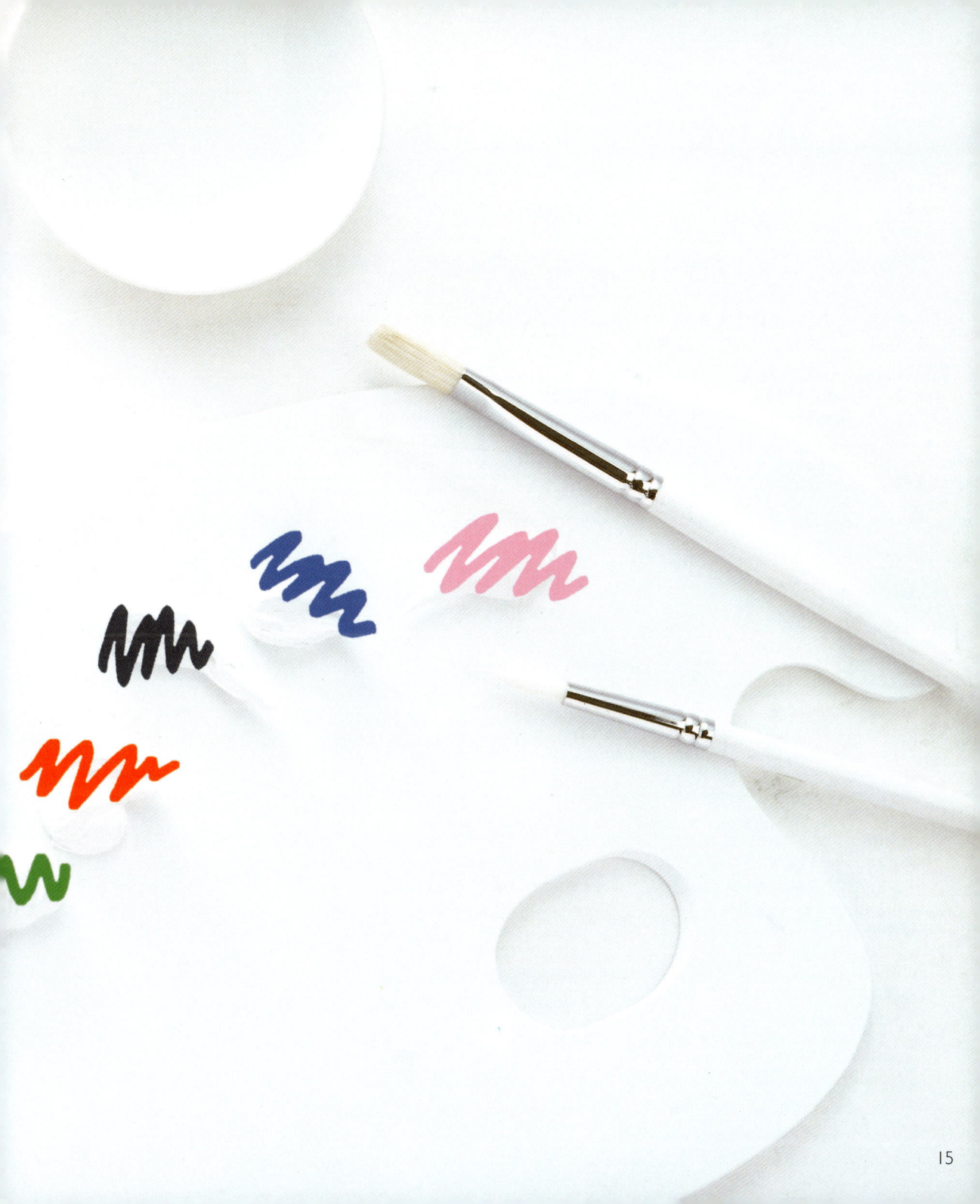

Look for the Personal Color
『自分色』を見つけましょう！

あなたに似合う色・『自分色（パーソナルカラー）』を見つけるために、
ふたつのステップに分けて診断します。
Step.1では、あなたが生まれながらにして持っている髪、瞳、肌の色を診断し、
ブルーアンダートーンなのか、イエローアンダートーンなのかに分類します。
さらに、Step.2ではあなたの嗜好色を分析し、フォーシーズン・カラーを見つけます。

Step.1
アンダートーンを見つける

髪、瞳、肌の色をチェックして、
あなたのアンダートーンを見つけましょう。
注意事項を必ず守り、"あなた自身がいちばん近い色"
と思うものを選び、チェックリストに○をつけます。

Cauton!
注意事項

●チェックシートの色
髪の色、肌の色などは目安です
あなたの髪や肌の色がどの色と同じかではなく、どの色に一番近いかを見てください。

●チェックする場所
直射日光の当たらない、昼間の自然光の中でチェック！
蛍光灯の下では全体に青白くなり、まったく違った結果になることもあります。

●メイク
必ずノーメイクで！
化粧をした顔で診断しても意味がありません。メークを落としてチェックします。
自分の肌色がわからないときは、胸元や二の腕、日焼けをしていない部分を鏡でよく見てください。

●髪の毛
本来の髪の色を見ます
ヘアカラーをしている場合は、本来の色がわかる"生え際や根元"で判断しましょう。

●洋服
できれば白い服を着て！
着ている洋服の色で判断が変わることもあります。白い服を着るか、白い布で上半身を覆いましょう。

●体調
体調が悪いときは×
体の調子が悪いときは、肌に大きな影響を与えます。普段の顔色がわからないので、日を改めて行いましょう。

● セルフチェックシート 1

	A	B	C	D
Q1 あなたの髪の色はA～Dのどの色に近いですか？	明るくソフトな茶系またはダークローズブラウン	ダークブルーブラウンまたは下のような真っ黒	明るいブラウン	ダークブラウン
Q2 あなたの瞳の色はA～Dのどの色に近いですか？	ダークローズブラウン	真っ黒か下のようなダークブルーブラウン	ガラスのように透きとおった明るい茶色	深みを感じるダークブラウン
Q3 あなたの肌の色はA～Dのどの色に近いですか？ 色の白い人	ローズベージュ	ブルーっぽいベージュ	イエローベージュ	ゴールドベージュ
色の黒い人	ソフトブラウン	ダークブラウン	ソフトベージュ	オークル系のブラウン
Q4 あなたの頬の色はA～Dのどの色に近いですか？	ブルーっぽいピンク	ローズ系	イエローっぽいピンク	ブラウン系のオレンジ
Q5 中指の下を軽く押さえてみてください。指先に出る色はA～Dのどの色に近いですか？	ブルーみの赤	ブルーみの深く濃い赤	ピーチピンク	黄みの赤

● チェックリスト 1

Q1～Q5の中で、一番近いと思うものに○をつけ、○ひとつを1点とします。

	A	B	C	D
Q1				
Q2				
Q3 色白				
色黒				
Q4				
Q5				
合計	A＋B= 点		C＋D= 点	

診断 合計点数が高いのはどっち？
A＋Bの方がC＋Dより高い…ブルーアンダートーン
C＋Dの方がA＋Bより高い…イエローアンダートーン

Step.2

フォーシーズンカラーを探る

あなたの嗜好色を分析し、ファッションコーディネートに欠かせない大切な"フォーシーズン・カラー"を探します。
下の28種類の色を見てください。赤や青でも4種類の"ニュアンスの違う"色が並んでいます。
あなたが触れてみたくなる色はどれですか?
Step.1でわかった"あなたのアンダートーン"のグループから、レッド系からひとつ、グリーン系からひとつというように、7つの色相から"触れたい色"を選び、チェックリストに○を記入してください。

●セルフチェックシート2

系統	ブルーアンダートーン	
	A	B
レッド系		
グリーン系		
イエロー系		
ブルー系		
ピンク系		
グレー系		
パープル系		

●チェックリスト2

	A	B
合計	点	点

●セルフチェックシート 2

イエローアンダートーン

系統	C	D
レッド系		
グリーン系		
イエロー系		
ブルー系		
ピンク系		
ブラウン系		
パープル系		

診断 どの点数が一番高い？

●チェックリスト 2

	C	D

合計　　　　点　　　　点

チェックが終わったら、〇ひとつを1点としてたての列ごとに合計点を出してください。

Aの点数がいちばん多い	パステルサマータイプ(P.20参照)
Bの点数がいちばん多い	ブリリアントウィンタータイプ(P.34参照)
Cの点数がいちばん多い	ブライトスプリングタイプ(P.48参照)
Dの点数がいちばん多い	ディープオータムタイプ(P.62参照)

これであなたのシーズンカラーが見つかりました。それぞれのページを見てください。

Pastel Summer

✽ パステルサマーのあなたに似合う色

『自分色』のパターンが
パステルサマーだったあなた。
あなたにはエレガントで優雅、
人当たりのよい優しい印象があります。
似合う色のグループは優しく上品な
「パステルカラー・ソフトな色」。
オレンジ系の色は似合わないので
注意しましょう！

IMAGE WORD
センスアップにつながるのはこのイメージワード

- Elegant ●エレガント
- Simple ●シンプル
- Classic ●クラシック
- Romantic ●ロマンティック

●パステルサマーの人の特徴
全体の印象はエレガントで優雅。人当たりもソフトで優しい雰囲気を漂わせています

肌の色
ローズベージュまたはソフトブラウン

瞳の色
ダークローズブラウンで、目全体にソフトな印象がある

頰と唇の色
頰は粉っぽい感じのブルーピンク色で、唇はローズまたはピンク色

髪の色
黒に近い柔らかい感じの髪の毛。ソフトブラウン、ダークローズブラウン

●似合うファッションの特徴
優しい色合いの「エレガント」な装いが基本スタイル

TPO別イメージワード
- ビジネス ▶▶▶ クラシック
- パーティー ▶▶▶ ロマンティック
- アウトドア・レジャー ▶▶▶ シンプル

●メイクをするときのポイント
コントラストを避けて、穏やかで優しい色調にまとめること

●ヘアカラー、スタイルは？
ヘアスタイルは基本イメージの"エレガント"を心がけて。カラーはレッドバイオレッド系、ブルーバイオレッド系がよいでしょう

ヘアカラー

ココア　ローズブラウン　バーガンディ　プラム

パステルサマーの人に似合う色はこの30色！

あなたに似合う"パステルサマー"の色のパレットは、優しく上品な色。
6月の紫陽花、ラベンダー、夏の太陽の光に照り返るパステルカラー、梅雨の時期の少しグレーがかったくすんだ色。全体にグレーやブルーが少しかかったソフトで上品な色で構成されています。アンダートーンがブルーなのですから、"ブルーアンダートーンの色でコーディネートすること"を心がけて。オレンジ系の色は苦手なのであまり似合いません。

Pastel Summer

パステルサマーの人が似合うピンク系の色

パウダーピンク　パステルピンク　ローズピンク

ピンクを上手に使う

Select for Pink

桜の花びらのように淡い色からカトレアの花のように濃い色まで、あなたの頬の色とマッチするのはブルーアンダートーンのピンクです。優しい気分を表現するようなファッションの配色に合わせ、メイクもソフトにまとめましょう。

メイクの配色例

アイシャドウ
ラベンダー
ラベンダーで優しくソフトに

チーク
ローズピンク
ローズピンクや、パール入りのチークを選んで

ルージュ
モーブ
頬の赤みに合わせてモーブがおすすめ

このメイクに似合うメガネのカラー

ライトブルーグレー　スカイブルー　ペリウィンクル

パステルサマーのピンクに似合うネイルカラー

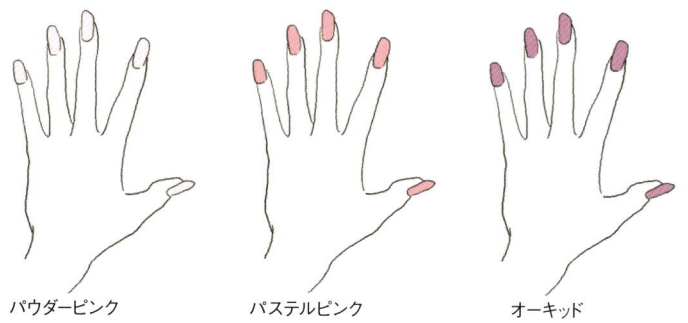

パウダーピンク　パステルピンク　オーキッド

Column
女性ホルモンを活性化させる色

一日も早く仲直りしたいときのデートに着ていく服の色、好きな友達に手紙を書くときの便せんの色、恋人のプレゼントに選ぶラッピングペーパーとリボンの色、気がつくと、あなたは無意識にピンクを選んでいませんか？
女性ホルモンを活性化させ、心を和ませてくれる色がピンクなのです。ちょっと寂しいときは、インナーやブラウス、ハンカチや手帳、クッションなどのピンクを眺めて深呼吸しましょう。ほら、甘く優しい気持ちになれたでしょう？

Select for Pink

イメージ別配色例

	Soft ソフトで優しく	Shic シックにまとめる	Contrast コントラストでメリハリを
2色配色	パウダーピンク＋ライトブルーグレー 淡いピンクとグレーの組み合わせでソフトに	パステルピンク＋ラズベリー 同系色のまとまりに濃淡でメリハリを	ローズピンク＋ミディアムブルー ブルーのジーンズでコントラスト配色
3色配色	ソフトホワイト＋パウダーピンク＋オーキッド 明度のグラデーション配色	パウダーピンク＋オーキッド＋チャコールブルーグレー ピンクの濃淡にグレーをプラスして	パステルブルーグリーン＋パウダーピンク＋グレードネービー 色の配分による明度のコントラスト配色
2色配色	パステルピンク＋パウダーピンク 同系色でまとめるとソフトな印象に	モーブ＋オーキッド 同系色でも深みを感じさせる組み合わせ	グレーブルー＋モーブ 暖色と寒色による反対色相配色

23

Pastel Summer

パステルサマーの人が似合うブルー系の色

グレードネービー　グレーブルー　パウダーブルー　スカイブルー　ミディアムブルー　ペリウィンクル　パステルアクア

ブルーを上手に使う

Select for Blue

少しグレーがかったブルーから爽やかなパウダーブルーまで、さまざまなブルーはあなたの雰囲気にとてもマッチします。ブルーの濃淡をいかしたグラデーション配色など、素敵に配色を楽しんで。

メイクの配色例

アイシャドウ
スカイブルー
ソフトで明るめのスカイブルーを選びます

チーク
モーブ
ローズピンク寄りのモーブがおすすめ

ルージュ
ソフトフクシャ
少し大人っぽいソフトフクシャがお洒落

このメイクに似合うメガネのカラー

グレーブルー　　ミディアムブルー　　ラベンダー

パステルサマーのブルーに似合うネイルカラー

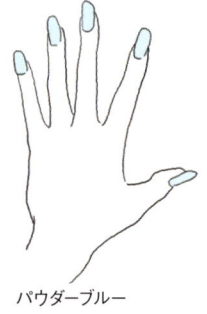 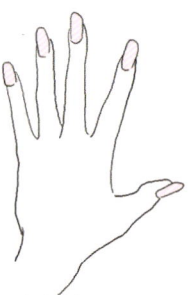 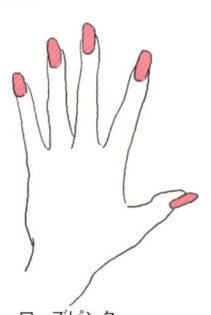

パウダーブルー　　パウダーピンク　　ローズピンク

Column
青は理性の色

青は爽やか、希望、理想などをイメージさせます。海に四方を囲まれている私たちにとっては身近で嗜好度の高い色。
相手にクールな印象を与え、冷静で頭がきれ、仕事ができる男を演出したいビジネスマンにとっては必要不可欠な色です。
青が好きな人には、決められた枠からはみ出ることを嫌う保守的な面もありますが、理性的で誠実、真面目で信頼される人が多いようです。

イメージ別配色例	Soft ソフトで優しく	Shic シックにまとめる	Contrast コントラストでメリハリを
2色配色	スカイブルー＋パウダーブルー ブルーのTシャツには洗いざらしのジーンズで	ミディアムブルー＋ココア 濃いブルーには茶系のボトムを選びます	スカイブルー＋オーキッド ブルーとピンクでコントラスト配色
3色配色	ソフトホワイト＋パステルアクア＋ラベンダー ソフトなパステルカラーの組み合わせ	バーガンディ＋グレードネービー＋ローズブラウン 濃い赤と茶を合わせて落ち着いた雰囲気に	パウダーブルー＋グレードネービー＋プラム トップは同系色でまとめスカートを紫に
2色配色	ラベンダー＋ペリウィンクル 同一色相の配色でエレガント	ミディアムブルー＋グレードネービー 同系色のスーツとインナーによるまとまり感	パステルブルーグリーン＋グレーブルー パステルグリーンと合わせて爽やかさをだして

Select for Blue

25

Pastel Summer

パステルサマーの人が似合うグレー&ブラック系の色

ライトブルーグレー　チャコールブルーグレー

グレー&ブラックを上手に使う

Select for Gray & Black

頬のピンクが美しいあなたにとって、肌をより透明に見せてくれるのは"青みのグレー"。さまざまなピンクと組み合わせたり、エンジや紺とのコーディネーションで、エレガントに装いましょう。

メイクの配色例

アイシャドウ
ライトブルーグレー
服に合わせてグレーのアイシャドウでバランスを

チーク
ローズピンク
ローズピンクのチークで華やかさをプラス

ルージュ
ラズベリー
モノトーンにはえるラズベリーを選んで

このメイクに似合うメガネのカラー

ライトブルーグレー　　バーガンディ　　ラベンダー

パステルサマーのグレー&ブラックに似合うネイルカラー

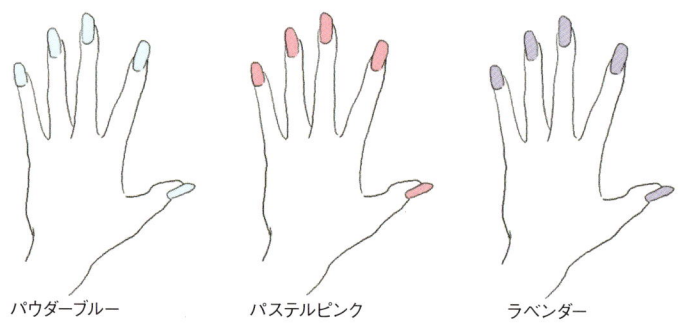

パウダーブルー　パステルピンク　ラベンダー

Column
白のイメージ

白といえば"ウエディングドレス"が思い浮かびますが、日本語で白の語源は、空が「白む」から来ているという説があります。
古代人にとっては"身の危険が多い夜からの開放"を意味し、すべての始まりの色が白でした。それゆえ、式典に欠かせない色として、また奉仕や献身を表す色として使われています。
白は光を反射、透過して、熱しにくく冷めにくいのが特徴なので、白い下着は防暑、防寒に役立っています。

イメージ別配色例	Soft ソフトで優しく	Shic シックにまとめる	Contrast コントラストでメリハリを	
2色配色	ペリウィンクル＋ライトブルーグレー — 優しい落ち着き感を演出するなら紫系のセーターを	グレーブルー＋チャコールブルーグレー — 深めのブルーを組み合わせて、カジュアルに	ソフトフクシャ＋ライトブルーグレー — 赤紫を印象的に見せるグレーを合わせた配色	Select for Gray & Black
3色配色	ローズベージュ＋ラベンダー＋ライトブルーグレー — 淡いベージュとラベンダーでフェミニンに	バーガンディ＋グレードネービー＋チャコールブルーグレー — バーガンディと紺をいかすのはチャコールブルーグレー	ソフトホワイト＋ミディアムブルーレッド＋チャコールブルーグレー — 無彩色がいきるレッドとグレーのコンビネーション	
2色配色	パウダーブルー＋ライトブルーグレー — 明るめグレーをよりソフトに見せるパウダーブルー	パステルピンク＋チャコールブルーグレー — 華やかにしたいときは、インナーにピンクを	ディープブルーグリーン＋チャコールブルーグレー — シャープにまとめるならグリーンを合わせて	

27

パステルサマーの人が似合うレッド系の色

ローズ　ウォーターメロン　ミディアムブルーレッド　バーガンディ　ラズベリー

レッドを上手に使う

Select for Red

明るい色から深く落ち着いた色まで、あなたに似合うレッド系は色数が豊富です。落ち着いたラズベリーのような赤もパステルサマーのあなたが着れば華やか。濃紺との組み合わせで"きちんとした印象"も演出できます。

メイクの配色例

アイシャドウ
ライトブルーグレー
レッド系の服をひきたたせるグレーがおすすめ

チーク
ローズ
顔色を華やかにするローズのチークを

ルージュ
ラズベリー
印象深いラズベリーでしっかりとまとめます

このメイクに似合うメガネのカラー

ライトブルーグレー　　グレードネービー　　ラズベリー

パステルサマーのレッドに似合うネイルカラー

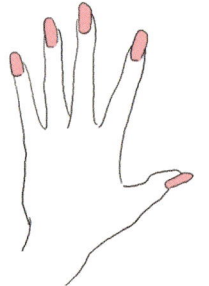 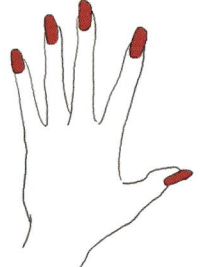 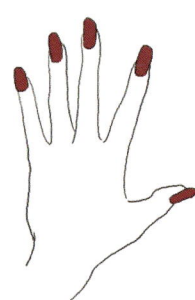

パステルピンク　　ミディアムブルーレッド　　ラズベリー

Column 赤は"勝負服"

落ち込んで自信をなくしたときや、自分の意見を通したいときの勝負色は赤！
ビビッドカラーのなかでも一番パワフルな赤がおすすめです。アドレナリンの分泌が促されて、心臓の鼓動も早くなり、攻撃的な気持ちが強くなります。赤は自己顕示欲や野心をイメージする色ですが、赤が好きな人は、決断力と行動力に優れ、ものごとに対してはいつも意欲的なはず。それは"目標と勝利をめざす前向きな気持ち"とぴったりする色が赤だから。

イメージ別配色例

Soft ソフトで優しく

2色配色
ラズベリー＋モーブ
同系色でまとめると落ち着いた印象に

3色配色
パウダーピンク＋ラズベリー＋バーガンディ
同系色によるグラデーション配色

2色配色
パウダーピンク＋ローズ
インナーのパウダーピンクでキュートに

Shic シックにまとめる

2色配色
ミディアムブルーレッド＋ライトブルーグレー
グレーのボトムを合わせた、アウトドアスタイル

3色配色
グレードネービー＋バーガンディ＋チャコールブルーグレー
グレーをプラスして大人っぽい感じに

2色配色
ココア＋ミディアムブルーレッド
ブラウン系をプラスして統一感を

Contrast コントラストでメリハリを

2色配色
ウォーターメロン＋グレーブルー
元気さを表現する、メリハリ感のある配色

3色配色
スカイブルー＋ミディアムブルーレッド＋ミディアムブルー
明るいブルーを合わせて、大胆な華やかさを

2色配色
パウダーブルー＋ラズベリー
ブルーをさし色にし、コントラストで決めます

Select for Red

29

Pastel Summer

パステルサマーの人が似合うグリーン系の色

パステルブルーグリーン　ミディアムブルーグリーン　ディープブルーグリーン

グリーンを上手に使う
Select for Green

淡いパステル調のグリーンから、明るい濃いグリーンまで似合います。全体に"やわらかい印象"があるあなたなので、ブルーやラベンダーと合わせ、爽やかで、すがすがしい印象をつくるようにするとよいでしょう。

メイクの配色例

アイシャドウ
ライトブルーグレー
目元を涼しくしたいときはグレーがおすすめ

チーク
ローズピンク
頬色をすっきりと見せ、晴れやかに

ルージュ
ローズ
明るめのルージュでさっそうと決めましょう

このメイクに似合うメガネのカラー

ローズブラウン　　チャコールブルーグレー　　ペリウィンクル

パステルサマーのグリーンに似合うネイルカラー

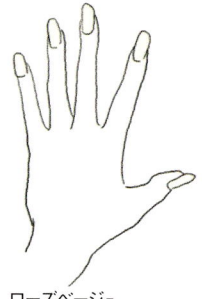 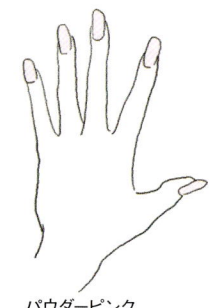

ローズベージュ　　パウダーブルー　　パウダーピンク

Column
ダイエットしたいとき

暖色系の赤やオレンジが食欲をそそる色ならば、寒色系は食欲を抑える色。なかでもダイエットに効果的なのは"紫"です。
食卓に紫の照明を当ててみると、おいしそうな赤いステーキや、みずみずしいサラダの色が変色し、まずく見えてしまいます。
ダイエット中の人には、テーブルクロスやランチョンマット、食器にいたるまですべてを暗くして濃い紫で統一し、照明も寒色系でまとめることをおすすめします。

イメージ別配色例	Soft ソフトで優しく	Shic シックにまとめる	Contrast コントラストでメリハリを
2色配色	パステルブルーグリーン＋ローズベージュ — ローズベージュのチノパンと合わせて優しいイメージに	ミディアムブルーグリーン＋チャコールブルーグレー — グレーを合わせて、大人っぽい雰囲気に	ディープブルーグリーン＋ローズブラウン — コントラスト配色で鮮やかに決めましょう 
3色配色	ソフトホワイト＋パステルブルーグリーン＋パウダーブルー — 淡い色を重ねると、よりソフトにまとまります	ミディアムブルー＋ディープブルーグリーン＋ローズブラウン — 少し深い色合いを組み合わせ、エレガントに 	ローズベージュ＋ミディアムブルーグリーン＋グレーブルー — クリアーにまとめ、はつらつと出かけましょう
2色配色 	ライトレモンイエロー＋パステルブルーグリーン — 類似色相の黄色とのコンビネーションで明るく 	グレードネービー＋ディープブルーグリーン — 紺を合わせて大人の落ち着き感を  	プラム＋ディープブルーグリーン — プラムとのコントラスト配色で皆の瞳をくぎ付け  

Select for Green

Which do you like?
比べてみましょう

「この組み合わせが好き!」と思い込んでコーディネートしてしまう、NGな配色例です。OKにしたとたん、パッと印象がかわりませんか？さて、あなたはどちらが素敵と思うでしょうか？

NG　　OK

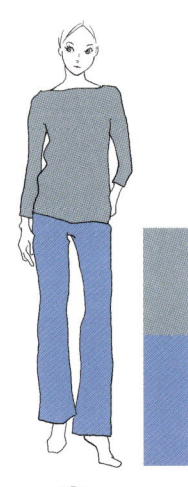

上品な淡い色が似合うあなたにはブルー系の色がよく似合います。ピンクも淡いブルーがかったピンクを選ぶと、あなたのイメージにぴったり。

キャメル＋スカイブルー

キャメルのセーターにブルージーンズの組み合わせはよくあるパターン。でも茶系の色はあなたの顔色をくすんだ印象にしてしまいます。

ライトブルーグレー＋スカイブルー

セーターをグレーにかえると、肌の色がより白くくすみがとれて晴れやかになります。

パステルサマーのカラーパレットにはオレンジ系の色がありません。イエローアンダートーンの色はあなたの顔色をくすんで見せたり、色だけが浮いてしまったりすることがありますので注意しましょう。

クリアサーモン＋ライトペリウィンクル＋ミディアムブルー

サーモンピンクの襟は少ない分量でも顔を黄ばんで見せるので要注意！

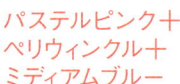

パステルピンク＋ペリウィンクル＋ミディアムブルー

ブラウスの色をパステルピンクにかえて、顔をイキイキと。パープルも少しダークに寄せるとグッド！

シャルトルーズ＋ソフトフクシャ

シックな雰囲気を作りたいとき、秋の深い緑を選びがち。でも、老けて見えることがあります。

パステルブルーグリーン＋ソフトフクシャ

同じグリーンでもパステルブルーグリーンだと顔をチャーミングに見せます。

自分で配色Lesson!

●巻末にある、あなたのシーズンカラーの配色チップを切り取り線にそってカットしましょう。
イラストの横にある四角の中に、好きなように並べてみます。どんな色の組み合わせができるのか、自分で試してみることも必要です。ひとつの色の占める面積がかわると、印象もずいぶん違うことに気付くはず。新しく洋服などを購入する際に、このチップを持って出掛けてみては？色選びの参考になるかもしれません。

自分のシーズン以外の色と組み合わせるときには

＊パステルサマーのあなたは＊

「持っている洋服が、シーズンカラーのものじゃなかった！」、「違うシーズンのあの色がどうしても着てみたい！」。そんな時に知っておきたいポイントをアドバイスします。

●パステルサマーの色と合わせる
あなたのシーズンカラーです。
30色の中で自由に組み合わせを楽しみましょう！

●ブリリアントウィンターの色と合わせる
アンダートーンは同じ"ブルーアンダートーン"なのですが、パステルサマーの人が持つ優しい雰囲気にこのシーズンの色は強く感じられます。ブリリアントウィンターの色を使うときは"柔らかいスカーフ"など"素材"を選び、軽やかな動きをだすことがポイント。

●ブライトスプリングの色と合わせる
ブライトスプリングには明るい色が多いので、このシーズンの洋服を着たあなたは"洋服ばかりが目立っている人！"ということになりかねません。このシーズンの色と合わせるなら、"面積の比率"をポイントにコーディネートすること。スーツなどの"ベースカラー"は自分のシーズンから選び、明度の高いブライトスプリングの色は"インナー"として使う。このように"少なめ"に使ってコーディネートを楽しみます。

●ディープオータムの色と合わせる
ブラウン系が多いディープオータムの色を使うと…。明るいパウダーピンクや、ローズピンク系の頬を持つあなたの顔を"老けた印象！"にかえてしまいます。ディープオータムの色を使うならボトムに。"なるべく顔から離れたところ"に使うことがポイント。

Brilliant Winter

＊ブリリアントウィンターのあなたに似合う色

『自分色』のパターンが
ブリリアントウィンターだったあなた。
あなたにはシャープでクール、
またはハードな雰囲気を持った
個性的な印象があります。似合う色の
グループは「ブリリアントカラー・鮮やかな色」。
冴えた色や冷たい感じのする色が
よく似合います。

IMAGE WORD
センスアップにつながるのはこのイメージワード

- **Dramatic** ●ドラマティック
- **Formal** ●フォーマル
- **Modern** ●モダン
- **Dundy** ●ダンディ

●ブリリアントウィンターの人の特徴
全体の印象はシャープでクール、またはハード。個性的でインパクトのある雰囲気をもっています

肌の色
ブルーっぽいベージュ、または明るめのダークブラウン

瞳の色
瞳と白目のコントラストが強く、瞳はブラックかダークブラウン

頬と唇の色
ローズ系

髪の色
少し青みを帯びたようなブラックかダークブラウンで、深いつやがある

●似合うファッションの特徴
ビビッドな色で、メリハリのあるコントラストを効かせた「ドラマティック」な装いが基本スタイル

TPO別イメージワード
ビジネス　▶▶▶　フォーマル
パーティー　▶▶▶　モダン
アウトドア・レジャー　▶▶▶　ダンディ

●メイクをするときのポイント
派手めで強い色を使っても負けない個性を持つあなた。大胆なメイクにチャレンジしてください

●ヘアカラー、スタイルは？
似合うヘアスタイルは"ドラマティック"なイメージの直線的なボブや、アシンメトリーなスタイルなど個性的なもの。そのままの黒髪が一番似合います

ヘアカラー

チャコールグレー　ブラック　ネービーブルー　ロイヤルパープル

ブリリアントウィンターの人に似合う色はこの30色!

あなたに似合う"ブリリアントウィンター"の色のパレットは、緊張感に満ちたまぶしいような色。雪景色のホワイト、鉛色の雲のグレー、雪の白に映える鮮やかな色のアウトドアウェア。ビビッドな色、白、グレー、黒の無彩色、白に1滴だけ色を加えたアイシーカラー、淡い色と鮮やかな色、コントラストのある色を持つウィンターのカラーパレットです。暖かみのあるブラウン系とオレンジ系は似合いません。

1. ピュアーホワイト
2. ライトトゥルーグレー
3. ミディアムトゥルーグレー
4. チャコールグレー
5. ブラック
6. グレーベージュ
7. ネービーブルー
8. トゥルーブルー
9. ロイヤルブルー
10. ホットターコイズ
11. チャイニーズブルー
12. レモンイエロー
13. ライトトゥルーグリーン
14. トゥルーグリーン
15. エメラルドグリーン
16. パイングリーン
17. ショッキングピンク
18. ディープホットピンク
19. マゼンタ
20. フクシャ
21. ロイヤルパープル
22. ブライトバーガンディ
23. ブルーレッド
24. トゥルーレッド
25. アイシーグリーン
26. アイシーイエロー
27. アイシーアクア
28. アイシーバイオレット
29. アイシーピンク
30. アイシーブルー

ブリリアントウィンターの人が似合うピンク系の色

| ショッキングピンク | ディープホットピンク | マゼンタ | フクシャ | アイシーピンク |

ピンクを上手に使う
Select for Pink

あなたに似合うピンク系の色は、淡いアイシーピンクから明るいショッキングピンク、そして鮮やかなマゼンタまで個性豊かなピンクが豊富にあります。T.P.Oに合わせて着こなしましょう。

• Brilliant Winter •

メイクの配色例

アイシャドウ
ロイヤルブルー
目元を印象づけるロイヤルブルーを

チーク
フクシャ
頬は華やかなフクシャで色味をそえます

ルージュ
マゼンタ
マゼンタのルージュでチャーミングにまとめて

このメイクに似合うメガネのカラー

フクシャ 　　ブルーレッド 　　チャコールグレー

ブリリアントウィンターのピンクに似合うネイルカラー

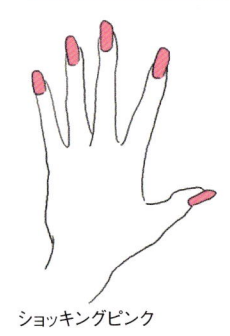

ショッキングピンク 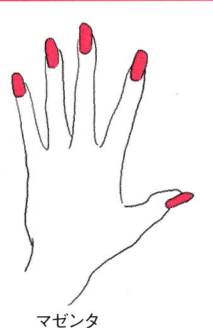　　マゼンタ 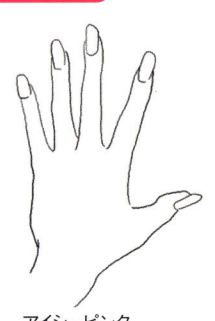　　アイシーピンク

Column
美人は照明で決まる!

あなたが美人に見えないそのわけは、照明にあるかもしれません。化粧室に入って鏡をのぞいた瞬間"こんなはずでは!!"と不愉快になったことはありませんか？
私たちの肌は暖色系の色味でできているので、青や緑を引き立たせる蛍光灯の光では、肌色は青白くくすんで見えてしまいます。
反対に白熱灯は暖色系の光源ですから、赤、オレンジ系の色をより美しく、肌色をイキイキと輝かせてくれるのです。

	Soft ソフトで優しく	Shic シックにまとめる	Contrast コントラストでメリハリを	
2色配色	ショッキングピンク＋アイシーピンク 明度でコントラストをつけた同系色の配色	マゼンタ＋チャコールグレー ビビッドなトップスとチャコールグレーで大胆に	フクシャ＋ロイヤルブルー フクシャをいかすロイヤルブルーでコントラスト配色	**Select for Pink**
3色配色	アイシーピンク＋ショッキングピンク＋アイシーブルー 淡い色を重ねて、優しい雰囲気に	アイシーバイオレット＋ディープホットピンク＋ミディアムトゥルーグレー アイシーバイオレットとグレーで小粋にまとめて	グレーベージュ＋マゼンタ＋ブラック メリハリの効いたコーディネートで鮮やかさを演出	
2色配色	ショッキングピンク＋アイシーピンク 淡い色のスーツは同系色を合わせてより上品に	ロイヤルパープル＋フクシャ 大胆な組み合わせで大人の雰囲気を	ブラック＋ディープホットピンク インナーに黒を選ぶとよりセクシーに	

37

ブリリアントウィンターの人が似合うブルー系の色

| ネービーブルー | トゥルーブルー | ロイヤルブルー | ホットターコイズ | チャイニーズブルー | アイシーアクア | アイシーブルー |

ブルーを上手に使う

Select for Blue

ネービーブルーやロイヤルブルーなどの"はっきりした色"は、あなたをクールで知的に見せてくれる色。コンサバティブなデザインのスーツや飾り気のないスタイルのものを選び、色のメリハリでコントラストを楽しみましょう。

Brilliant Winter

メイクの配色例

アイシャドウ
ロイヤルブルー
目元は服に合わせてロイヤルブルーを

チーク
ブライトバーガンディ
色みのない頬に合わせ、落ち着いた色を選んで

ルージュ
ブライトバーガンディ
唇は、濃い赤みで艶やかに

このメイクに似合うメガネのカラー

ネービーブルー  / トゥルーブルー  / チャコールグレー

ブリリアントウィンターのブルーに似合うネイルカラー

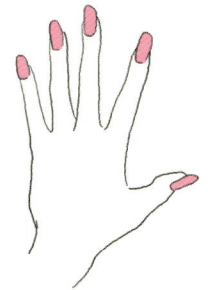

ショッキングピンク 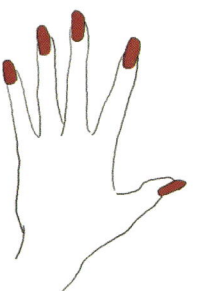 / ブルーレッド 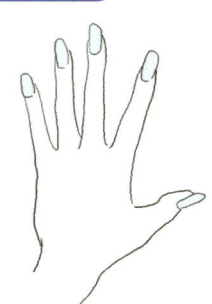 / アイシーブルー

Column
地域で違う色の好み

外国で買った赤いセーターを、帰国後いざ着ようと広げてみると色が違って感じられた経験はありませんか？
色は地域の日照時間、気温、湿度などの自然環境によって見え方が違うのです。
特に太陽光線と空気の透明度は色の好みにも影響を与えるといわれ、太陽光線が強く日照時間の長い熱帯や亜熱帯地方では鮮やかな暖色系が好まれ、無数の湖や森林に恵まれて日照時間も少ない北欧では青、白、緑が好まれます。

イメージ別配色例

Soft ソフトで優しく

2色配色
アイシーアクア＋ホットターコイズ
同系色で上下を合わせ、スッキリと爽やかに

3色配色
アイシーブルー＋トゥルーブルー＋ロイヤルブルー
ブルーの濃淡を使い、メリハリをつけます

2色配色
アイシーピンク＋ネービーブルー
インナーにピンクを合わせて優しさをプラス

Shic シックにまとめる

トゥルーブルー＋ミディアムトゥルーグレー
グレーのボトムを合わせシックな装いを

ライトトゥルーグレー＋トゥルーブルー＋チャコールグレー
明るいブルーをいかすモノトーン

グレーベージュ＋ロイヤルブルー
グレーベージュを合わせると大人っぽい雰囲気に

Contrast コントラストでメリハリを

チャイニーズブルー＋フクシャ
寒暖色でアクセントをつけた配色

ピュアホワイト＋ロイヤルブルー＋ブルーレッド
白をプラスして鮮やかな色をいかす

トゥルーレッド＋ネービーブルー
クリアーなレッドをポイントカラーに

Select for Blue

ブリリアントウィンターの人が似合うグレー&ブラック系の色

| ライトトゥルーグレー | ミディアムトゥルーグレー | チャコールグレー | ブラック |

グレー&ブラックを上手に使う

Select for Gray & Black

明るいグレーからブラックまでのモノトーンは、あなたが得意とするベーシックカラーです。ピュアホワイトとブラックでコントラストをつけたり、鮮やかな色と組み合わせてメリハリを効かせることがおすすめ。自由自在に演出しましょう。

Brilliant Winter

メイクの配色例

アイシャドウ
チャコールグレー
チャコールグレーで目元に陰影をつけて

チーク
ブライトバーガンディ
落ち着きのある色をひかえめに

ルージュ
フクシャ
ラインはフクシャで個性的に

このメイクに似合うメガネのカラー

ミディアムトゥルーグレー / ブラック / ブルーレッド

ブリリアントウィンターのグレー&ブラックに似合うネイルカラー

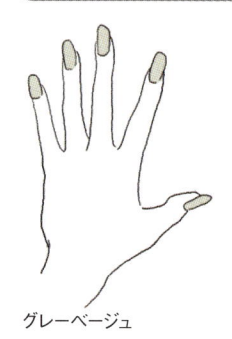

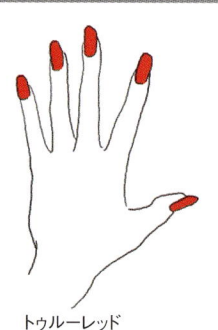

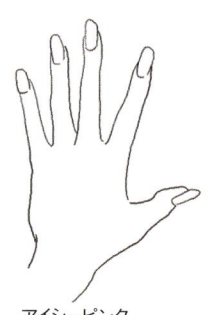

グレーベージュ / トゥルーレッド / アイシーピンク

Column 黒はアバンギャルド

光を吸収し、反射しない黒は"闇、不安、恐怖、不信感"といったネガティブ性があります。しかし、有彩色の赤、青、緑などをどんどん混ぜ合わせていくと、最後には黒になります。つまり黒の見方を変えれば"すべての色の集合体であり、可能性・発展性を表す色"ともいえます。黒はファッションでは、フォーマル、高級感、おしゃれ、アバンギャルドといった意味で取り入れられており、黒が好きな人には、自立心が旺盛で好奇心も強い人が多いようです。

イメージ別配色例	Soft ソフトで優しく	Shic シックにまとめる	Contrast コントラストでメリハリを
2色配色	アイシーブルー＋ライトゥルーグレー ソフトなグレーとブルーで涼しげに	ホットターコイズ＋チャコールグレー メリハリを持たせた、クールな配色を	ピュアーホワイト＋ブラック 無彩色によるコントラスト配色
3色配色	ピュアーホワイト＋ミディアムトゥルーグレー＋ライトゥルーグレー モノトーンによるグラデーション配色	グレーベージュ＋パイングリーン＋ブラック 淡い色の襟元をブラックで引きしめて	マゼンタ＋ミディアムトゥルーグレー＋ミディアムトゥルーグレー アクセントカラーを効果的に
2色配色	アイシーイエロー＋ライトゥルーグレー センスを感じさせるグレーとイエローの組み合わせ	ミディアムトゥルーグレー＋チャコールグレー モノトーンによるベーシックな組み合わせ	トゥルーブルー＋ブラック 黒のスーツには効かせ色にブルーを選ぶとおしゃれに

Select for Gray&Black

ブリリアントウィンターの人が似合うレッド系の色

| ブライトバーガンディ | ブルーレッド | トゥルーレッド |

レッドを上手に使う

Select for Red

鮮やかで、はっきりしたレッド系の色は、あなたをより華やかに見せてくれます。淡いアイシーカラーと組み合わせてコントラストをつけたり、モノトーン配色によるアクセント使いなどで、冴えた色の効果がいきてきます。

Brilliant Winter

メイクの配色例

アイシャドウ
ミディアムトゥルーグレー
レッド系の服をひきたたせるグレーがおすすめ

チーク
ブライトバーガンディ
落ち着きのあるブライトバーガンディをチークに

ルージュ
ブルーレッド
服と調和するブルーレッドで華やかに

このメイクに似合うメガネのカラー

ネービーブルー  / ブライトバーガンディ  / チャコールグレー

ブリリアントウィンターのレッドに似合うネイルカラー

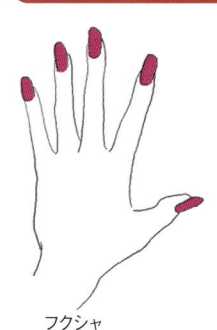

フクシャ 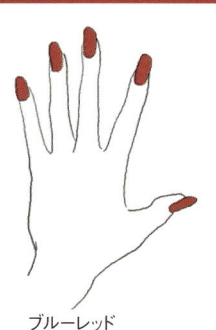 / ブルーレッド 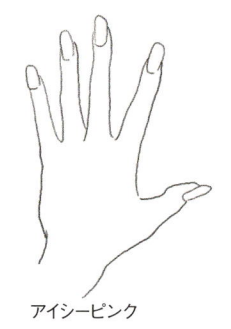 / アイシーピンク

Column
色の不思議

「黄色い声」と聞いて誰もが同じような声を思い浮かべるのは、明るい黄色から受ける共通感覚が脳裡に働くから。

同じように、赤を見ると熱気、青は冷気、淡いピンクでは優しさや幸福感、白は軽さ、清潔感、黒は重さ、高級感などが連想されます。

これらの色の感情効果を利用して、商品企画は作られています。ベビー服が黒やグレーでは不気味ですし、宅配便の箱が黒では重く疲れてしまいます。扇風機も涼しげな色で正解。赤では熱風です。

イメージ別配色例	Soft ソフトで優しく	Shic シックにまとめる	Contrast コントラストでメリハリを
2色配色	ブライトバーガンディ＋ライトトゥルーグレー — 明るいグレーのボトムで軽やかに	ブルーレッド＋ミディアムトゥルーグレー — 深みのあるブルーレッドにはシックなグレーで安定感を	トゥルーレッド＋ブラック — 黒と合わせてメリハリをつけた配色
3色配色	アイシーバイオレット＋ブライトバーガンディ＋ライトトゥルーグレー — ソフトな色を合わせ、赤を強調する	ロイヤルブルー＋ブルーレッド＋ネービーブルー — 色調の違うブルーと合わせてコーディネート	アイシーピンク＋トゥルーレッド＋ブラック — 無彩色と有彩色のコントラスト配色
2色配色	ライトトゥルーグレー＋ブライトバーガンディ — インナーのグレーを効果的に使う	グレーベージュ＋トゥルーレッド — トゥルーレッドをよりおしゃれに見せるのはグレーベージュ	パイングリーン＋ブルーレッド — 反対色でも深い色合いのグリーンを合わせてまとめる

Select for Red

43

ブリリアントウィンターの人が似合うグリーン系の色

| ライトトゥルーグリーン | トゥルーグリーン | エメラルドグリーン | パイングリーン | アイシーグリーン |

グリーンを上手に使う

Select for Green

Brilliant Winter

瞳や髪が深く濃い色調のあなた。そんなあなたに似合うグリーン系の色は、肌をシャープに見せてくれるエメラルドのように鮮やかでくっきりしたグリーン。白、グレー、ブラックなどのモノトーンと組み合わせればより大人っぽい雰囲気に。

メイクの配色例

アイシャドウ
ロイヤルパープル
ロイヤルパープルで個性的に

チーク
ブライトバーガンディ
少し落ち着いたブライトバーガンディで

ルージュ
ブルーレッド
深みのあるレッドのルージュを選んで

このメイクに似合うメガネのカラー

ロイヤルブルー 　　パイングリーン 　　ブラック

ブリリアントウィンターのグリーンに似合うネイルカラー

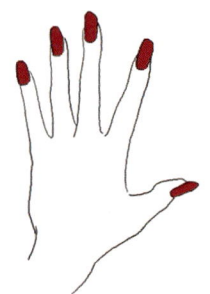

ブルーレッド 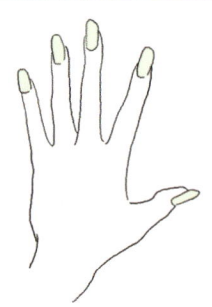　　アイシーグリーン 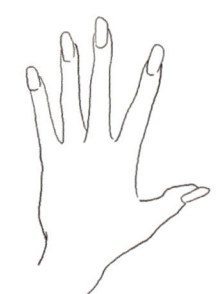　　アイシーピンク

Column
色で時間は長くなる

勉強に身が入らないのは、部屋の色に問題があるのでは…？
強烈な赤やオレンジにかこまれた部屋にいると時間は長く感じます。交感神経を刺激して気分を浮きだたせるためで、華やぎのほしい所や客足の回転率を高めるには効果的。
逆に時間を短く感じさせるのは青。血圧が落ち着き、物ごとに対する判断力や集中力が高まり、かなり時間が経っているのに"まだまだ"と錯覚させてしまう効果があります。

イメージ別配色例	Soft ソフトで優しく	Shic シックにまとめる	Contrast コントラストでメリハリを
2色配色	ブラックのボトムでスッキリとまとめます ライトゥルーグリーン＋ブラック	エメラルドグリーンをいかすグレーを合わせて エメラルドグリーン＋ライトゥルーグレー	濃いグリーンと補色のレッドでダイナミックに パイングリーン＋ブライトバーガンディ
3色配色	明るいグリーンとグレーで軽やかに アイシーグリーン＋ライトゥルーグリーン＋ミディアムトゥルーグレー	大人の雰囲気をつくるグレーとブルーの配色 ミディアムトゥルーグレー＋パイングリーン＋ネービーブルー	イエローのボトムを合わせて軽快に ピュアホワイト＋エメラルドグリーン＋レモンイエロー
2色配色	同系色の組み合わせですがすがしく アイシーグリーン＋トゥルーグリーン	インナーのトゥルーブルーで理知的に トゥルーブルー＋エメラルドグリーン	甘さをプラスしたコントラスト配色 アイシーバイオレット＋トゥルーグリーン

Select for Green

45

Which do you like?
比べてみましょう

「この組み合わせが好き！」と思い込んでコーディネートしてしまう、NGな配色例です。OKにしたとたん、パッと印象がかわりませんか？さて、あなたはどちらが素敵と思うでしょうか？

NG **OK**

シャープなイメージのあなたは、華やかなコントラスト配色が楽しめます。

ブライトコーラル＋ブラック
華やかなセーターでもオレンジ系は顔を暗くします。

フクシャ＋ブラック
セーターをフクシャにかえてキリッと晴れやかな印象を演出しましょう。

彩度の高い鮮やかな色やコントラスト配色が似合うあなたには淡い色や落ち着きすぎる色はNG！

キャメル＋ブライトイエローグリーン＋トゥルーブルー
明るいキャメルとグリーンの組み合わせは、顔のイメージがぼんやりします。

グレーベージュ＋パイングリーン＋トゥルーブルー
インナーをグレーベージュとパイングリーンにかえて、あなたの個性を引き出しましょう。

キャメル＋ロイヤルブルー
大人っぽく見せたくて茶系を組み合わせると、地味な印象に。

ライトトゥルーグレー＋ロイヤルブルー
インナーをグレーにかえてみましょう。より個性的でシャープな印象になりました。

自分で配色Lesson!

●巻末にある、あなたのシーズンカラーの配色チップを切り取り線にそってカットしましょう。
イラストの横にある四角の中に、好きなように並べてみます。どんな色の組み合わせができるのか、自分で試してみることも必要です。ひとつの色の占める面積がかわると、印象もずいぶん違うことに気付くはず。新しく洋服などを購入する際に、このチップを持って出掛けてみては？色選びの参考になるかもしれません。

自分のシーズン以外の色と組み合わせるときには

ブリリアントウィンターのあなたは

「持っている洋服が、シーズンカラーのものじゃなかった！」、「違うシーズンのあの色がどうしても着てみたい！」。そんな時に知っておきたいポイントをアドバイスします。

● **ブリリアントウィンターの色と合わせる**
あなたのシーズンカラーです。
30色の中で自由に組み合わせを楽しみましょう！

● **パステルサマーの色と合わせる**
アンダートーンは同じ"ブルーアンダートーン"。でも、パステルサマーは彩度が低く、ブリリアントウィンターは"彩度が高い色が多い"という違いがあります。あなたには、パステルサマーの色は少しおとなしすぎるので、自分のシーズンカラーの鮮やかな色で洋服の表情にメリハリをつけましょう。

● **ブライトスプリングの色と合わせる**
彩度の高い鮮やかな色や、コントラストの強い配色が似合うあなたは、どの色と組み合わせても"強いコントラスト配色"となるブラックを使いましょう。ブラックにブライトスプリングの色を組み合わせますが、なるべくブラックの面積を多くとることがポイント。

● **ディープオータムの色と合わせる**
はっきりとした印象のあるあなたにとって、"明度の低い"ディープオータムの色は"落ち着きすぎて地味"になりがち。顔の近くにブリリアントウィンター"彩度の高い"色のスカーフなどを持ってきて、華やかな雰囲気を出しましょう。

Bright Spring

✱ ブライトスプリングのあなたに似合う色

『自分色』のパターンが
ブライトスプリングだったあなた。
あなたには明るくてキュート、
そして若々しい印象があります。
似合う色のグループは
「ブライトカラー・明るい色」。
楽しくて明るい色がよく似合います。

IMAGE WORD
センスアップにつながるのはこのイメージワード

(**Pretty** ●プリティ
Active ●アクティブ
Cute ●キュート
Casual ●カジュアル)

● **ブライトスプリングの人の特徴**
全体の印象は明るくて爽やか、キュートなイメージで、いつまでも若々しい印象があります

肌の色
イエローベージュかソフトベージュ

瞳の色
瞳はゴールデンブラウンか黄みがかったライトブラウン

頬と唇の色
オレンジ系のピーチやウォームピンク

髪の色
ソフトブラウンで柔らかな髪質

● **似合うファッションの特徴**
明るく可憐な「プリティ」な装いが基本スタイル。リボンや花のモチーフ、フリルやレース使いで、甘いスタイルが特徴

TPO別イメージワード
ビジネス ▶▶▶ アクティブ
パーティー ▶▶▶ キュート
アウトドア・レジャー ▶▶▶ カジュアル

● **メイクをするときのポイント**
顔全体に透明感のあるブライトな印象をいかした、明るく健康的なメイクアップを心がけて

● **ヘアカラー、スタイルは？**
"キュート"な雰囲気のショートカット。カラーをするならオレンジイエロー系の明るいブラウンを。あまり明るくしたくない人はイエローグリーン系のニュアンスのあるカラーを選んで

ヘアカラー

キャメル　ゴールデンタン　ミディアムゴールデンブラウン　ライトオレンジ

ブライトスプリングの人に似合う色はこの30色！

あなたに似合う"ブライトスプリング"の色のパレットは、暖かみのある、楽しくて明るい色。春風に誘われていっせいに咲きそろう花園や、若葉が香るすがすがしい新緑のグリーン…。明るく暖かみのある色がたくさん揃っています。多色配色を楽しんで。

1. アイボリー
2. バフ
3. ライトウォームベージュ
4. キャメル
5. ゴールデンタン
6. ミディアムゴールデンブラウン
7. ライトウォームグレー
8. ライトクリアネービー
9. ライトクリアゴールド
10. ブライトゴールデンイエロー
11. パステルイエローグリーン
12. ミディアムイエローグリーン
13. ブライトイエローグリーン
14. アプリコット
15. ライトオレンジ
16. ピーチ
17. クリアサーモン
18. ブライトコーラル
19. ウォームパステルピンク
20. コーラルピンク
21. クリアブライトウォームピンク
22. クリアブライトレッド
23. オレンジレッド
24. ミディアムバイオレット
25. ライトペリウィンクル
26. ダークペリウィンクル
27. ライトトゥルーブルー
28. ライトウォームアクア
29. クリアブライトアクア
30. ミディアムウォームターコイズ

ブライトスプリングの人が似合うピンク系の色

| アプリコット | ピーチ | クリアサーモン | ウォームパステルピンク | コーラルピンク | クリアブライトウォームピンク |

ピンクを上手に使う

Select for Pink

あなたに似合うピンク系の色は明るいサーモンピンクを中心に、春の花々のような可憐で豊富な色数が揃っています。ソフトでいながら華やかさもある色に合わせ、メイクやネイルも明るく優しい感じにまとめましょう。

● Bright Spring ●

メイクの配色例

アイシャドウ
ライトペリウィンクル
パープル系のアイシャドウで印象的

チーク
コーラルピンク
顔を華やかにするコーラルピンクをのせて

ルージュ
コーラルピンク
愛らしいピンクでキュートなあなたを表現しましょう

このメイクに似合うメガネのカラー

パステルイエローグリーン 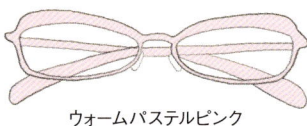　　ウォームパステルピンク 　　ライトペリウィンクル

ブライトスプリングのピンクに似合うネイルカラー

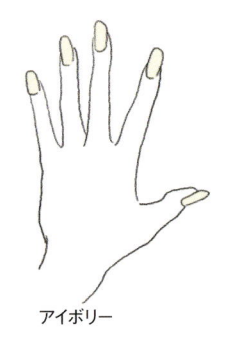

アイボリー 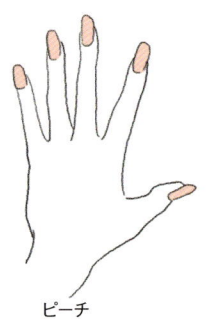　　ピーチ 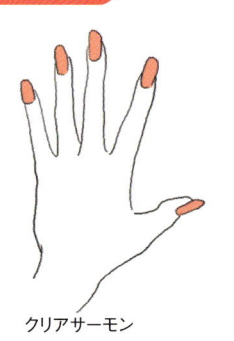　　クリアサーモン

Column
色が見えるのはなぜ？

色はモノ自体についているわけではないのです。光のない世界では、色を感じることはありません。赤いリンゴは、リンゴ自体に色があるわけではなく、リンゴの表面が"寒色系の短波長の光を多く吸収し暖色系の長波長の光を多く反射する"ため赤く見えるのです。
モノの色は、どの波長を吸収し、反射するかによって決まります。
目から受けた光の刺激に脳が反応し、色の感覚が生まれてくるのです。

イメージ別配色例

Soft ソフトで優しく
Shic シックにまとめる
Contrast コントラストでメリハリを

2色配色

ピーチ＋アイボリー
フェミニンな配色で優しい雰囲気に

クリアブライトウォームピンク＋キャメル
クリアなピンクをいかす色はキャメル

クリアサーモン＋ライトトゥルーブルー
コントラスト配色でピュアなイメージを

3色配色

バフ＋ウォームパステルピンク＋ライトウォームグレー
柔らかなトーンで、優しさをイメージする組み合わせ

ライトウォームアクア＋アプリコット＋ダークペリウィンクル
ブルーのコンビネーションがピンクを引き立てます

パステルイエローグリーン＋コーラルピンク＋ライトクリアネービー
ピンクを明るくキュートにまとめる配色

2色配色

クリアサーモン＋ウォームパステルピンク
同系色を合わせてロマンチックに

ライトウォームグレー＋クリアブライトウォームピンク
インナーをグレーにすることで大人っぽく

ミディアムウォームターコイズ＋クリアサーモン
色相と色調によるコントラスト配色

Select for Pink

ブライトスプリングの人が似合うブルー系の色

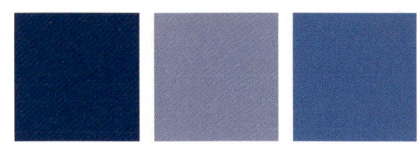

ライトクリアネービー	ライトペリウィンクル	ダークペリウィンクル	ライトトゥルーブルー	ライトウォームアクア	クリアブライトアクア

ブルーを上手に使う

Select for Blue

透明感のある暖かいブルーから少しパープルよりのブルーは、あなたを明るい知性の持ち主に見せてくれます。どの色ともマッチしやすいので、さまざまなブライトスプリングの色と組み合わせて楽しみましょう。

Bright Spring

メイクの配色例

アイシャドウ
ライトウォームアクア
透明感のある明るいブルーで涼しげな目元に

チーク
コーラルピンク
やわらかなピーチ系のチークを選びます

ルージュ
クリアブライトウォームピンク
ルージュは華やかなピンク系を

このメイクに似合うメガネのカラー

ゴールデンタン	ライトトゥルーブルー	クリアブライトアクア

ブライトスプリングのブルーに似合うネイルカラー

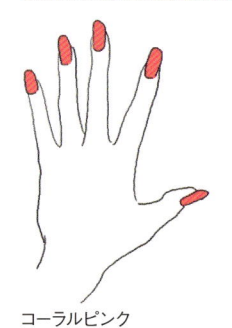

コーラルピンク	ライトペリウィンクル	ライトウォームアクア

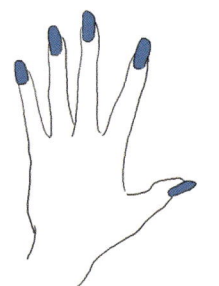

Column
紫はナルシスト

"暖かい赤"と"冷たい青"が溶け合って生まれた色が紫。なかでも赤紫は、ゴージャスでドレッシーなイメージがあります。"京紫"と呼ばれているのは、この赤系の紫です。反対に青系の紫が"江戸紫"。

昔から高貴な人が身につける色とされてきました。赤と青、複雑な二面性のある紫が好きなあなたは、感情も豊かで、人と違うことをしたいと願うナルシスト。デザイン系に強いアーティストタイプです。

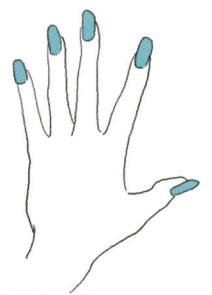

	Soft ソフトで優しく	Shic シックにまとめる	Contrast コントラストでメリハリを
2色配色	パープル系の組み合わせでフェミニンに ダークペリウィンクル＋ライトペリウィンクル	ブルーとグリーンでシャープにまとめる ライトトゥルーブルー＋パステルイエローグリーン	茶系のボトムで、ブルーの明るさを引き立てて クリアブライトアクア＋ミディアムゴールデンブラウン
3色配色	グレーを合わせて優しいコーディネートに バフ＋ライトウォームアクア＋ライトウォームグレー	ベージュのアクセントカラーを襟元に ライトウォームベージュ＋ダークペリウィンクル＋ライトトゥルーブルー	多色配色で色合わせを楽しみましょう コーラルピンク＋ライトクリアネービー＋ライトクリアゴールド
2色配色	ライトトーンの組み合わせで軽やかに パステルイエローグリーン＋ライトウォームアクア	キャメルのインナーが知性をプラス キャメル＋ライトクリアネービー	レッドと合わせてエネルギッシュな印象を オレンジレッド＋ライトトゥルーブルー

イメージ別配色例

Select for Blue

53

ブライトスプリングの人が似合うブラウン系の色

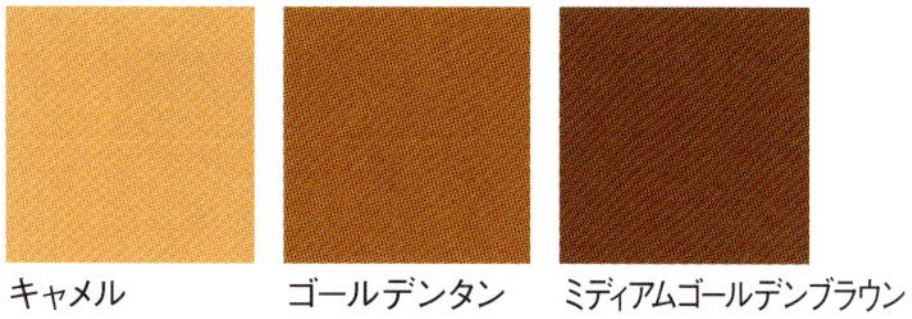

- キャメル
- ゴールデンタン
- ミディアムゴールデンブラウン

ブラウンを上手に使う

Select for Brown

キャメルなどのブラウンは"くすみの少ないあなたの肌"をより美しく見せる色。明るい暖色系の色と組み合わせれば軽やかなイメージに。ブルー系の色と合わせると、知的ではつらつとした印象になります。

Bright Spring

メイクの配色例

アイシャドウ
キャメル
落ち着きを感じさせるブラウン系のアイシャドウ

チーク
ライトオレンジ
オレンジのチークでやわらかさをプラス

ルージュ
オレンジレッド
頬に合わせてオレンジ系のルージュを

このメイクに似合うメガネのカラー

- ゴールデンタン
- ミディアムゴールデンブラウン
- オレンジレッド

ブライトスプリングのブラウンに似合うネイルカラー

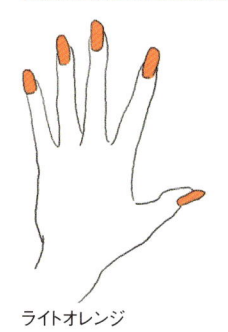

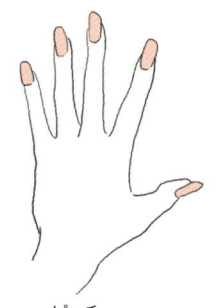

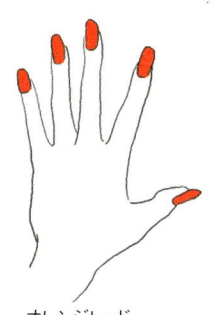

- ライトオレンジ
- ピーチ
- オレンジレッド

Column
茶は安定を約束する

茶色は、大人の物分かりのよさを感じさせる色。自然界に存在する大地の色として、やすらぎと落ち着き、安心感などがイメージされます。
コーヒーやチョコレートなど、味覚を表す色として、オレンジ色と同様に食料品売場や食卓に欠かせない色のひとつです。
茶色が好きな人は保守的で、革命を求めるタイプではありません。冒険心に欠ける面もありますが、慎重な判断力は安定した日々を約束してくれます。

Select for Brown

イメージ別配色例

Soft ソフトで優しく

2色配色
ライトクリアゴールド＋キャメル
同一色相でまとまりのある配色に

3色配色
アイボリー＋パステルイエローグリーン＋キャメル
白いシャツにはえる明るいグリーンと合わせる

2色配色
アプリコット＋キャメル
キャメルのスーツもやわらかいピンクのインナーでソフトに

Shic シックにまとめる

ライトウォームグレー＋ゴールデンタン
明るいブラウンには、グレーを合わせてシックに

アプリコット＋ライトウォームアクア＋ゴールデンタン
パステルカラーを組み合わせてチャーミングに

オレンジレッド＋ゴールデンタン
低明度中彩度同士の組み合わせでシックに

Contrast コントラストでメリハリを

ライトトゥルーブルー＋ミディアムゴールデンブラウン
鮮やかな色でお洒落に決める

ブライトコーラル＋ミディアムウォームターコイズ＋ミディアムゴールデンブラウン
オレンジとグリーンを合わせて個性的な若々しさをアピール

クリアライトアクア＋ミディアムゴールデンブラウン
ブルーと合わせて知的な印象を演出

55

ブライトスプリングの人が似合うレッド系の色

- ブライトコーラル
- クリアブライトレッド
- オレンジレッド

レッドを上手に使う

Select for Red

オレンジ系で暖かみのある色は、快活なあなたをさらに元気に見せてくれます。同系色のサーモンピンクでより華やかに、ベージュやブラウン系を組み合わせると落ち着いた大人の雰囲気に。

Bright Spring

メイクの配色例

アイシャドウ
ミディアムゴールデンブラウン
目元はブラウン系で落ち着きを

チーク
クリアサーモン
明るいピンクでより肌の透明感をプラスして

ルージュ
クリアサーモン
華やかな印象を与える色を選びましょう

このメイクに似合うメガネのカラー

- ミディアムゴールデンブラウン
- クリアブライトレッド 
- ライトトゥルーブルー 

ブライトスプリングのレッドに似合うネイルカラー

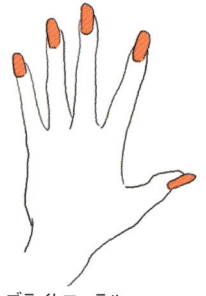

- ブライトコーラル
- コーラルピンク 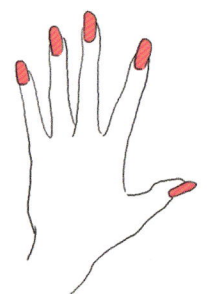
- オレンジレッド 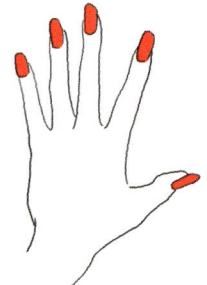

Column
色彩ボランティア®

赤を見て沈んだ気持ちを高揚させ、疲れたときには自然と緑を求める…。私たちは無意識に色の影響を受けています。
色の感情効果や色彩心理を学んだ仲間が集まり、色でコミュニケーションをとりながら色彩ボランティアを行う色彩NPO「日本カラーネットワーク協会」の活動が注目されています。高齢者施設や不登校の子どもたちが通うフリースクール、障害者施設でおこなう色を使った心のケア活動に熱い支援を送りたいと思います。

Select for Red

イメージ別配色例

Soft ソフトで優しく

2色配色
ブライトコーラル＋アプリコット
同一色相による明度のリズム感を

3色配色
アイボリー＋ブライトコーラル＋ライトウォームグレー
赤を印象づけるソフトな配色

2色配色
ライトウォームアクア＋ブライトコーラル
華やかな色合わせでキュートに

Shic シックにまとめる

クリアブライトレッド＋ゴールデンタン
やわらかい印象を演出する組み合わせ

ウォームパステルピンク＋クリアブライトレッド＋ライトウォームグレー
トップを同系色でまとめてかわいらしく

ライトペリウィンクル＋クリアブライトレッド
インナーの色で大人っぽく見せましょう

Contrast コントラストでメリハリを

オレンジレッド＋ライトクリアネービー
紺と合わせることでカジュアルな雰囲気に

ライトクリアゴールド＋オレンジレッド＋ライトトゥルーブルー
若々しい印象を与えるならポップな配色を

パステルイエローグリーン＋オレンジレッド
アクティブな印象を与えるコーディネート

57

ブライトスプリングの人が似合うグリーン系の色

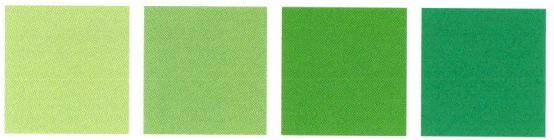

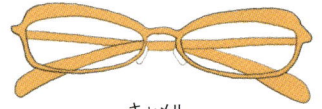

| パステルイエローグリーン | ミディアムイエローグリーン | ブライトイエローグリーン | ミディアムウォームターコイズ |

グリーンを上手に使う

Select for Green

ブライトスプリングのあなたをより若々しく見せてくれるのは"新緑の頃の明るいグリーン"。アイシャドウも同じグリーンで統一して爽やかに、パンジーの花束のような多色配色ではキュートなイメージになります。

Bright Spring

メイクの配色例

アイシャドウ
パステルイエローグリーン
目元は涼しげなグリーンが素敵

チーク
ライトオレンジ
オレンジ系のライト感覚をいかして

ルージュ
ブライトコーラル
はっきりした色で引き締めましょう

このメイクに似合うメガネのカラー

キャメル / ミディアムイエローグリーン / ミディアムウォームターコイズ

ブライトスプリングのグリーンに似合うネイルカラー

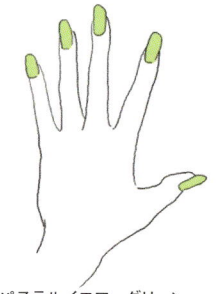

パステルイエローグリーン / ライトオレンジ / オレンジレッド

Column
黄緑は若さの色

緑は目に優しく、心理的には安全性と安定感がイメージされます。パリの清掃車はこのグリーンが印象的。車のボディのみならず作業員の制服やほうきまでも同じ色なので驚いたことがありました。

緑の中でも、黄緑は若さや活力をわかす色。精神統一や集中力、視神経を使う場に最適なのは青緑です。緑が好きな人は危険や戦いを嫌う平和主義者。おだやかで優しい心の持ち主に寄せるまわりの信頼感は高いはずです。

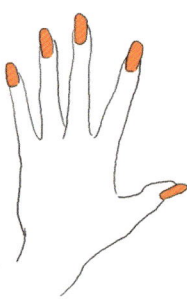

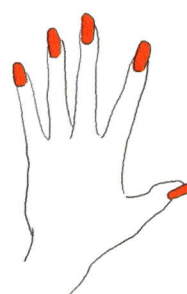

	Soft ソフトで優しく	Shic シックにまとめる	Contrast コントラストでメリハリを
2色配色	パステルイエローグリーン＋ライトクリアゴールド — 菜の花のように明るく軽やかな組み合わせ	ミディアムウォームターコイズ＋ミディアムゴールデンブラウン — グリーンを引き立てるのはシックな茶系	ミディアムイエローグリーン＋ライトオレンジ — 色相の対比でメリハリをつけます
3色配色	バフ＋パステルイエローグリーン＋キャメル — ソフトな色合わせでかわいらしく	ライトウォームベージュ＋ミディアムウォームターコイズ＋ライトゥルーブルー — 暖かみのあるベージュと合わせ、理知的で爽やかに	ブライトゴールデンイエロー＋ブライトイエローグリーン＋ブライトコーラル — キュートな組み合わせで魅力をつくる
2色配色	ライトペリウィンクル＋ミディアムウォームターコイズ — すみれのように可憐な色と合わせおとなしい雰囲気を	クリアブライトレッド＋ミディアムイエローグリーン — 明るいグリーンによくはえるシックなレッド	ミディアムバイオレット＋パステルイエローグリーン — 華やかなパープルでメリハリをつけた配色

イメージ別配色例

Select for Green

Which do you like?
比べてみましょう

「この組み合わせが好き！」と思い込んでコーディネートしてしまう、NGな配色例です。OKにしたとたん、パッと印象がかわりませんか？さて、あなたはどちらが素敵と思うでしょうか？

NG　　OK

明るくソフトな色の多色配色が楽しめるあなたです。配色はやわらかなイメージでまとめるようにしましょう。

グレードネービー＋キャメル
紺のセーターとキャメルのパンツは結構定番の組み合わせですが、ブルーアンダートーンの紺は顔は淋しげに見せてしまいます。

ライトクリアゴールド＋キャメル
明るいイエローがあなたの顔色を明るくします。気分も晴れやか！

春の明るい色が似合うあなたには、強すぎる色や冷たい印象のあるブルーアンダートーンの色はNG！

マゼンタ＋ライトトゥルーグリーン＋ミディアムゴールデンブラウン
鮮やかさに惹かれて選んでしまったピンクとグリーンですが、顔の印象がぼやけてしまいます。

クリアサーモン＋ミディアムイエローグリーン＋ミディアムゴールデンブラウン
ソフトで軽やかな色にかえてみましょう。あなたのキュートさがいきてきます。

パステルアクア＋ライトトゥルーブルー
ブルーの同系色だと寂しげな印象に。

ピーチ＋ライトトゥルーブルー
コントラストをつけた配色で華やかさをだし、イキイキとした印象を見せましょう。

自分で配色Lesson!

● 巻末にある、あなたのシーズンカラーの配色チップを切り取り線にそってカットしましょう。
イラストの横にある四角の中に、好きなように並べてみます。どんな色の組み合わせができるのか、自分で試してみることも必要です。ひとつの色の占める面積がかわると、印象もずいぶん違うことに気付くはず。新しく洋服などを購入する際に、このチップを持って出掛けてみては？色選びの参考になるかもしれません。

自分のシーズン以外の色と組み合わせるときには

ブライトスプリングのあなたは

「持っている洋服が、シーズンカラーのものじゃなかった！」、「違うシーズンのあの色がどうしても着てみたい！」。そんな時に知っておきたいポイントをアドバイスします。

● **ブライトスプリングの色と合わせる**
あなたのシーズンカラーです。
30色の中で自由に組み合わせを楽しみましょう！

● **パステルサマーの色と合わせる**
アンダートーンは違いますが、パステルサマーの色にはあなたのシーズンカラーと同じように"明度の高い"色も多く、素材にもソフト感があるので、"同一トーンでソフトにまとめる"とよいでしょう。でも、顔の近くにはあなたのシーズンカラーを持ってくること。

● **ブリリアントウィンターの色と合わせる**
同じように明るい色の多いグループなのですが、あなたの色は"明度の高い明るい色"、ブリリアントウィンターは"彩度の高い鮮やかな色"といった違いがあります。アンダートーンが違うので"同じ色相のグラデーション"でまとめ、顔から離れたところにブリリアントウィンターの色を持ってくるようにしましょう。

● **ディープオータムの色と合わせる**
同じイエローアンダートーンなので、基本的には調和しますが、明るく若々しい印象のあなたにとって、ディープオータムの色は全体的に少し重く感じられます。"同系色や類似色相"で組み合わせ、色の濃淡でリズム感をだしましょう。

Deep Autumn

✳ ディープオータムのあなたに似合う色

『自分色』のパターンが
ディープオータムだったあなた。
あなたには知的で落ち着いた、
大人の雰囲気があります。
似合う色のグループは
「ディープカラー・深い色」。
秋の自然界にあふれる
豊かな色の連なりが特徴です。

IMAGE WORD
センスアップにつながるのはこのイメージワード

- Natural ●ナチュラル
- Chic ●シック
- Gorgeous ●ゴージャス
- Sporty ●スポーティ

●ディープオータムの人の特徴
全体の雰囲気は大人っぽくて知的、落ち着いた印象があります

肌の色
赤みの少ないアイボリー、ゴールドベージュ、またはオークル系のブラウン

瞳の色
ブラウンに近いブラックかダークブラウン

頬と唇の色
頬の色は赤みが少なく、ブラウン系のオレンジ。唇の色はウォームレッド

髪の色
ダークブラウンかチョコレートブラウンなどで、黄みのあるブラウン系の色

●似合うファッションの特徴
「ナチュラル」な装い、色合いが基本。ゆったりしたスタイルが特徴

TPO別イメージワード
- ビジネス ▶▶▶ シック
- パーティー ▶▶▶ ゴージャス
- アウトドア・レジャー ▶▶▶ スポーティ

●メイクをするときのポイント
混色で色に深みを加えたり、ダークなグラデーションで大人っぽい雰囲気を。またブラウン系のグラデーションでナチュラルに仕上げても

●ヘアカラー、スタイルは？
基本スタイルの"ナチュラル"を心がけたヘアスタイル。カラーはコーヒーブラウンやダークチョコレートブラウンなど、彩度をおさえた落ち着きのある色が似合います

ヘアカラー
- コーヒーブラウン
- ダークチョコレートブラウン
- パンプキン
- テラコッタ

ディープオータムの人に似合う色はこの30色！

あなたに似合う"ディープオータム"の色のパレットは、深い色。自然界に見られる、秋の紅葉の赤や黄、茶色、落ち葉の重なり合った深い色合い、そして豊かな実りの色がよく似合います。

このグループには青のバリエーションが少なく、そのぶん緑のバリエーションが多くなっています。

1. オイスターホワイト
2. ウォームベージュ
3. コーヒーブラウン
4. ダークチョコレートブラウン
5. マホガニー
6. キャメル
7. ゴールド
8. ミディアムウォームブロンズ
9. イエローゴールド
10. マスタード
11. パンプキン
12. テラコッタ
13. ラスト
14. ディープピーチ
15. サーモン
16. オレンジ
17. オレンジレッド
18. ビタースィートレッド
19. ダークトマトレッド
20. ライムグリーン
21. シャルトルーズ
22. イエローグリーン
23. モスグリーン
24. グレードイエローグリーン
25. オリーブグリーン
26. ジェードグリーン
27. フォレストグリーン
28. ターコイズ
29. ティールブルー
30. ディープバイオレット

ディープオータムの人が似合うピンク系の色

- ディープピーチ
- サーモン

ピンクを上手に使う

Select for Pink

ディープオータムのあなたに似合うピンクは"オレンジ色に近い、少し落ち着いたピンク"頬や肌の色にマッチします。落ち着きのあるファッションカラーに合わせ、メイクはシックにまとめましょう。

メイクの配色例

アイシャドウ
ディープバイオレット
優しさと明るさを表現するバイオレッドを目元に

チーク
サーモン
華やかなイメージをつくるピンク

ルージュ
サーモン
チークに合わせた色で統一感を

このメイクに似合うメガネのカラー

- ビタースィートレッド
- コーヒーブラウン
- オリーブグリーン

ディープオータムのピンクに似合うネイルカラー

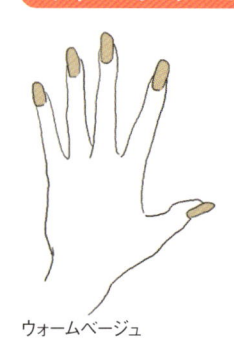

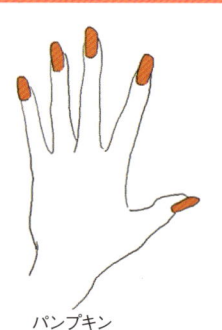

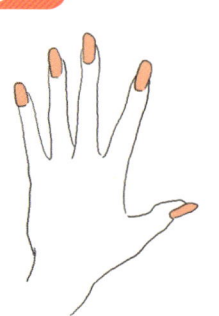

- ウォームベージュ
- パンプキン
- ディープピーチ

＊Column＊

気持ちを豊かにするオレンジ

オレンジは食卓になじみの深い食欲の色だけに、レストランのインテリアや広告などにもよく使われています。活気が必要なところに多く使われているオレンジは、心理学的にいっても陽気で開放的、外交的な人が好む色。
明るいオレンジの洋服は気持ちを豊かにし、寡黙な人もおしゃべりに変えてしまいます。オレンジを欲するのは何者にも縛られたくない心の解放を願っているときです。

Deep Autumn

Select for Pink

イメージ別配色例

	Soft ソフトで優しく	Shic シックにまとめる	Contrast コントラストでメリハリを
2色配色	ディープピーチ＋オイスターホワイト — デリケートな白と合わせてよりフェミニンに	サーモン＋ダークチョコレートブラウン — 同一色相でシックに決める	ディープピーチ＋ティールブルー — コントラスト配色で理知的な印象に
3色配色	ウォームベージュ＋ディープピーチ＋キャメル — もの静かで清楚なイメージのピンクをいかす	イエローゴールド＋サーモン＋ディープバイオレット — はっきりした色と合わせてスポーティーに	ミディアムウォームブロンズ＋サーモン＋オリーブグリーン — 深みを感じる大人っぽい色合わせ
2色配色	ジェードグリーン＋ディープピーチ — 同一色調による対照色相の配色	マホガニー＋サーモン — 類似色相でまとめて落ち着きを	ターコイズ＋サーモン — 対照色相で都会的な雰囲気をつくる

65

ディープオータムの人が似合うブルー系の色

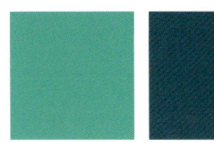

- ターコイズ
- ティールブルー

ブルーを上手に使う

Select for Blue

ディープオータムの人にとって似合うブルーは少ないのですが、グリーン系のブルーやトルコ石のような暖かいブルーがあなたの落ち着いたイメージと調和します。ブラウン系と合わせて、大人の雰囲気を作りましょう。

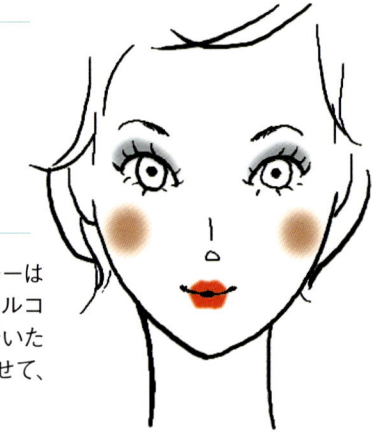

メイクの配色例

アイシャドウ
ティールブルー
目元に印象深い落ち着いたブルー

チーク
ダークトマトレッド
シックに見せるダークマトレッド

ルージュ
オレンジレッド
大人の雰囲気をつたえるダークな色

このメイクに似合うメガネのカラー

- マホガニー
- フォレストグリーン
- ティールブルー

ブライトスプリングのブルーに似合うネイルカラー

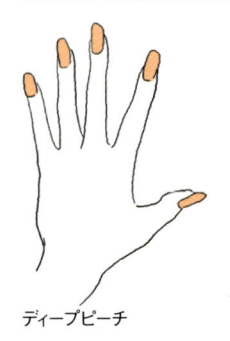

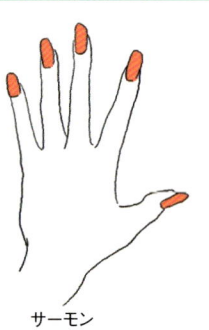

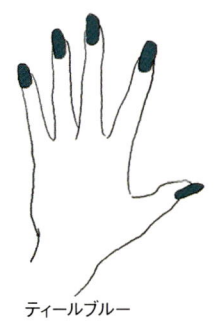

- ディープピーチ
- サーモン
- ティールブルー

Column
黄とゴールド

有彩色の中ではもっとも目立つ"黄色"。明るく目立つ色なので、黒と組み合わせ危険を知らせる踏み切りや、工事現場などでもよく使われています。ところで、ゴールドは何色でしょう？
黄金色ともいわれて黄色には近いのですが、色相的には、太陽光のスペクトルには存在せず、赤、緑、青の三原色と混ぜ合わせても現れてこない色です。ゴールドは、金属のみがもつ光の属性がそのすべてです。それは、銅やシルバーについても同じことがいえます。

Deep Autumn

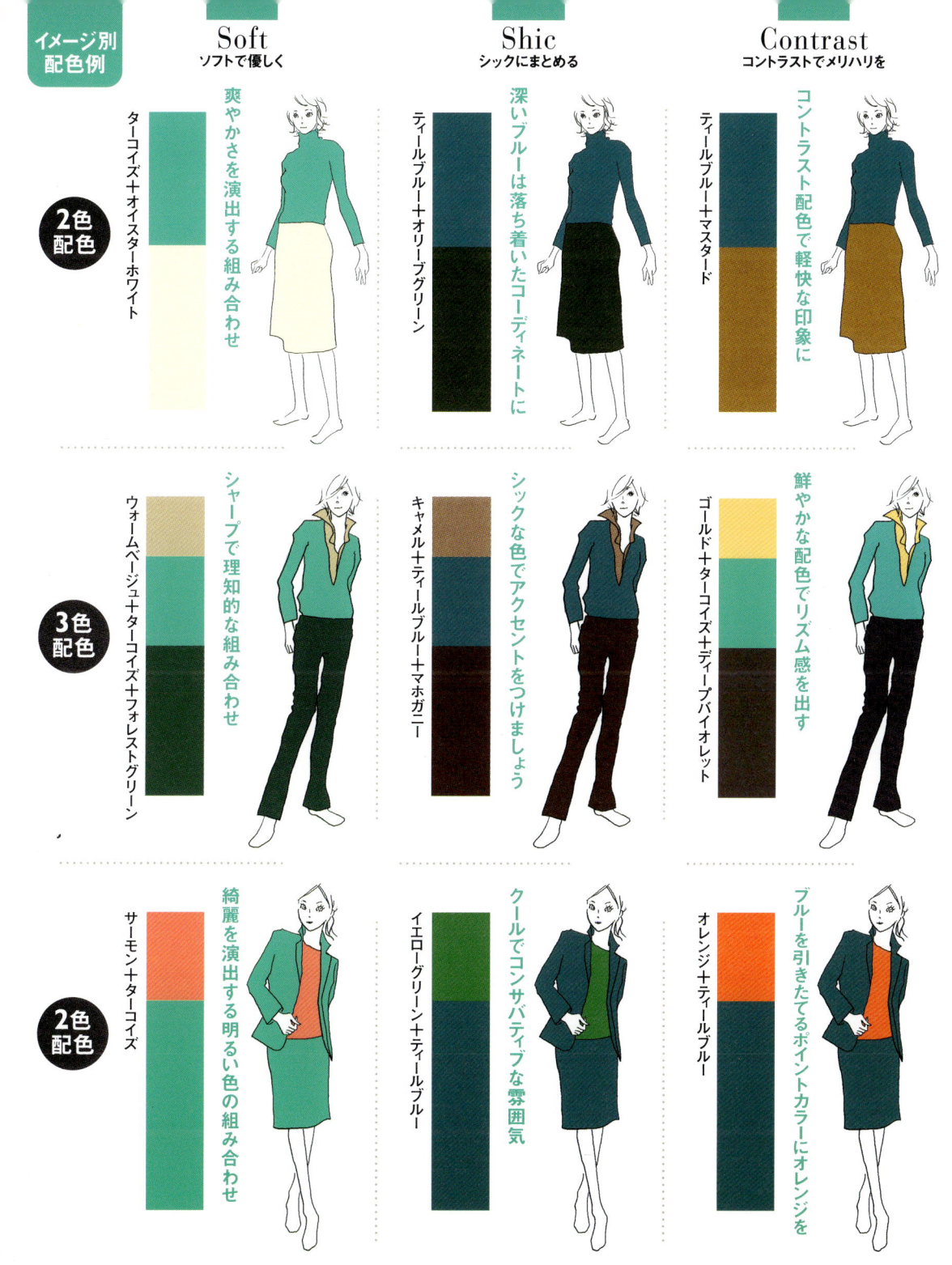

イメージ別配色例	Soft ソフトで優しく	Shic シックにまとめる	Contrast コントラストでメリハリを
2色配色	ターコイズ＋オイスターホワイト — 爽やかさを演出する組み合わせ	ティールブルー＋オリーブグリーン — 深いブルーは落ち着いたコーディネートに	ティールブルー＋マスタード — コントラスト配色で軽快な印象に
3色配色	ウォームベージュ＋ターコイズ＋フォレストグリーン — シャープで理知的な組み合わせ	キャメル＋ティールブルー＋マホガニー — シックな色でアクセントをつけましょう	ゴールド＋ターコイズ＋ディープバイオレット — 鮮やかな配色でリズム感を出す
2色配色	サーモン＋ターコイズ — 綺麗を演出する明るい色の組み合わせ	イエローグリーン＋ティールブルー — クールでコンサバティブな雰囲気	オレンジ＋ティールブルー — ブルーを引きたてるポイントカラーにオレンジを

Select for Blue

67

ディープオータムの人が似合うブラウン系の色

| コーヒーブラウン | ダークチョコレートブラウン | マホガニー | キャメル | ミディアムウォームブロンズ |

ブラウンを上手に使う

Select for Brown

ブラウン系の色は、あなたのダークブラウンの瞳や髪の色とマッチするので色数も豊富に揃っています。同系色のグラデーションでまとめたり、深いグリーンやレッドでコントラストをつけても素敵です。

メイクの配色例

アイシャドウ
ゴールド
ライト感覚で華やかに彩ります

チーク
ビタースィートレッド
深い色調の中にも華やかさを

ルージュ
ダークトマトレッド
深い色のルージュでセンスよく

このメイクに似合うメガネのカラー

マホガニー 　　ダークトマトレッド 　　グレードイエローグリーン

ディープオータムのブラウンに似合うネイルカラー

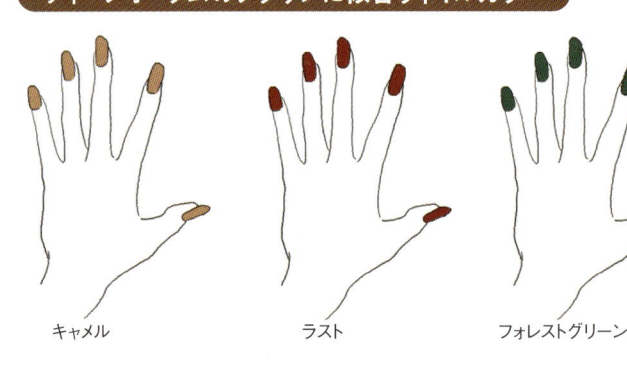

キャメル　　ラスト　　フォレストグリーン

Column
ディープオータムのグレー

グレーと茶色は、江戸時代の流行色。"四十八茶百鼠"という色数の多さを表す言葉もありました。
「グレーって地味！」といった印象は、組み合わせる色でモダンにもシックにもかえることができます。ディープオータムのカラーパレットにグレーはありませんが、茶系の色味を含むトープグレーならばOK。いわゆる"暖かみのあるモグラ色"のグレーなので、イエローアンダートーンのあなたにもじゅうぶん着こなすことができます。

• Deep Autumn •

	Soft ソフトで優しく	Shic シックにまとめる	Contrast コントラストでメリハリを
2色配色	キャメル＋コーヒーブラウン — 穏やかな同系色で優しい雰囲気に	モスグリーン＋ダークチョコレートブラウン — ディープな色調のグリーンと合わせ、まとまり感を	ターコイズ＋ダークチョコレートブラウン — 対照色相で鮮やかにコーディネート
3色配色	ゴールド＋テラコッタ＋キャメル — ソフトな色同士の組み合わせでナチュラル感を	イエローゴールド＋ディープバイオレット＋ミディアムウォームブロンズ — パープルでインパクトをつけた配色	オレンジ＋ティールブルー＋マホガニー — オレンジとブルーを合わせ、シックな和風テイストに
2色配色	ライムグリーン＋コーヒーブラウン — 明るいグリーンで爽やかさを演出	オレンジレッド＋ダークチョコレートブラウン — ポイントカラーのオレンジでゴージャスに	シャルトルーズ＋マホガニー — 落ち着き感のあるブラウンをシャープに見せる配色

Select for Brown

イメージ別配色例

ディープオータムの人が似合うレッド系の色

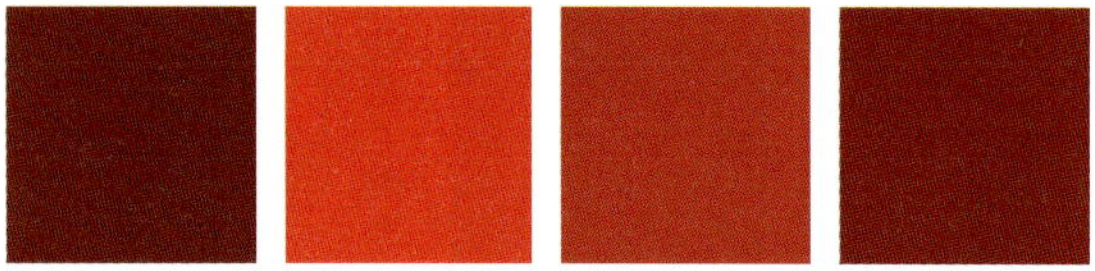

| ラスト | オレンジレッド | ビタースィートレッド | ダークトマトレッド |

レッドを上手に使う

Select for Red

赤系を使いこなすには、秋の紅葉を思わせる深く落ち着いた色に合わせ、口紅やネイルもコーディネートすること。都会的で大人っぽく見せることができます。ブラウンやゴールドを加えてよりゴージャスに、深いグリーンと合わせると個性的になります。

メイクの配色例

アイシャドウ
ダークチョコレートブラウン
目元に陰影をつける深いブラウンを

チーク
ダークトマトレッド
落ち着きを感じさせる色を選んで

ルージュ
オレンジレッド
口元にいかすポイントカラー

このメイクに似合うメガネのカラー

ダークチョコレートブラウン 　　マホガニー 　　ラスト

ディープオータムのレッドに似合うネイルカラー

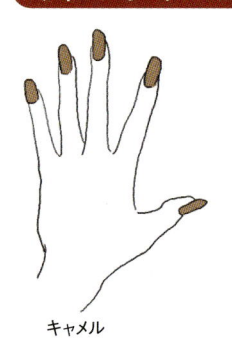

キャメル 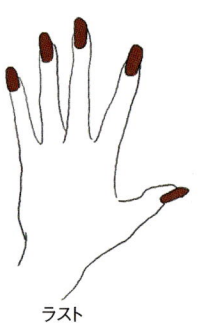　　ラスト 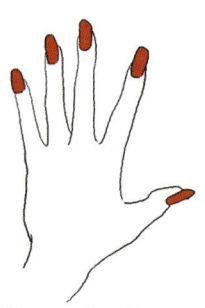　　ビタースィートレッド

Column
色のカレンダー

色の日記をつけてみると自分の歴史がわかります。子どもの頃はパステルカラー、反抗期で進む道もはっきりせずに、ただ受験勉強に明け暮れていた頃はグレーやダークグレーなのでしょう。初恋は淡いピンク、あるいはショッキングピンク、それとも…。
幸せな時をオレンジでイメージした人にとっては、その色が今もラッキーカラーだといいですね。私のラッキーカラーは赤。まだまだ仕事を続けてゆきたい気分です。

Deep Autumn

	Soft ソフトで優しく	Shic シックにまとめる	Contrast コントラストでメリハリを
2色配色	オレンジレッド＋パンプキン 同系色で組み合わせてより華やかに	ダークトマトレッド＋ダークチョコレートブラウン ダークな茶色と合わせてシックな組み合わせに	オレンジレッド＋モスグリーン 対照色相でメリハリをつけます
3色配色	ウォームベージュ＋ラスト＋キャメル ベージュやキャメルの定番色と合わせてソフトに	テラコッタ＋ダークトマトレッド＋ディープバイオレット ディープな色合いで落ち着き感を	ジェードグリーン＋ビタースィートレッド＋フォレストグリーン グリーンの濃淡と合わせたコントラスト配色
2色配色	イエローゴールド＋ビタースィートレッド 類似色相でレッドをいかします	オリーブグリーン＋ラスト シックなグリーンと合わせて個性的に	オレンジ＋ダークトマトレッド 同系色で華やかさを演出して

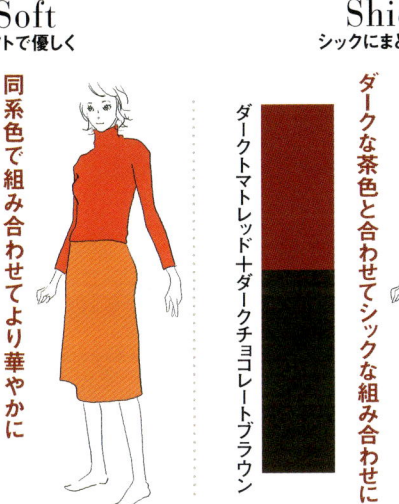

イメージ別配色例

Select for Red

ディープオータムの人が似合うグリーン系の色

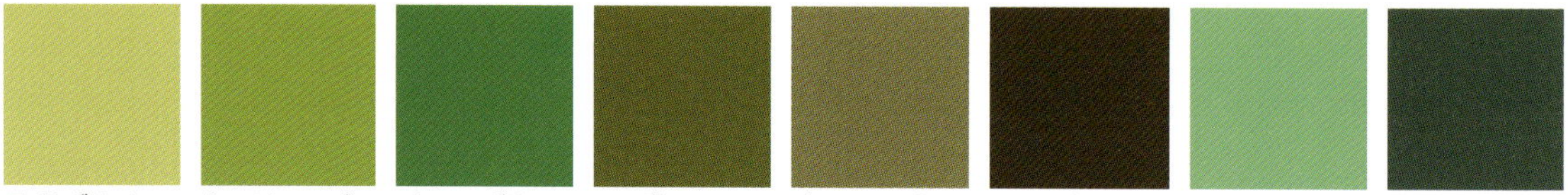

| ライムグリーン | シャルトルーズ | イエローグリーン | モスグリーン | グレードイエローグリーン | オリーブグリーン | ジェードグリーン | フォレストグリーン |

グリーンを上手に使う

Select for Green

ディープオータムのあなたには、似合うグリーン系の色が豊富に揃っています。モスグリーンやオリーブグリーンのアイシャドウに合わせた同系色のファッションは、深い色が似合うあなたにおすすめ。グリーン系のバリエーションを活用して、他の色との組み合わせを楽しみましょう。

メイクの配色例

アイシャドウ
オリーブグリーン
深いグリーンで魅力をつくる

チーク
ビタースィートレッド
肌を美しく見せるビタースィートレッド

ルージュ
ラスト
ブラウンに近いリッチな色で

このメイクに似合うメガネのカラー

ダークチョコレートブラウン 　　マスタード 　　オリーブグリーン

ディープオータムのグリーンに似合うネイルカラー

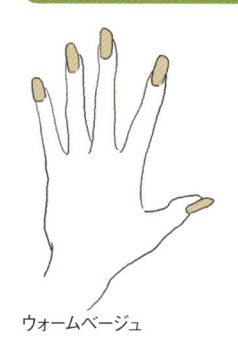

ウォームベージュ 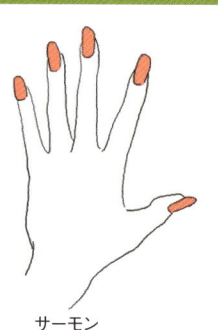　　サーモン 　　モスグリーン

Column
色で体型をカバーする

肥満が気になる人は、ぶ厚い素材や極端な薄ものは避け、黒、紺、茶などのダークカラーですっきり見せましょう。
痩せ型の人は、明るい暖色系のソフトカラーでフレアやギャザーを入れたデザインがおすすめです。また、スカーフや襟まわりに鮮やかなポイントカラーを取り入れ、視線を上に集めるようにすると、背を高く見せることもできます。色のパワーをおおいに利用して、顔や体型をカバーしましょう。

• Deep Autumn •

Select for Green

イメージ別配色例

Soft — ソフトで優しく

2色配色
ライムグリーン＋ゴールド
安らぎが感じられる穏やかな組み合わせ

3色配色
ウォームベージュ＋シャルトルーズ＋モスグリーン
同系色で濃淡をつけたグラデーション配色

2色配色
キャメル＋ジェードグリーン
爽やかなグリーンをいかす配色

Shic — シックにまとめる

2色配色
モスグリーン＋マスタード
渋い配色であなたの魅力を引き出します

3色配色
ミディアムウォームブロンズ＋モスグリーン＋ダークチョコレートブラウン
深い同一色調による色合わせ

2色配色
ディープバイオレット＋グレードイエローグリーン
印象的なバイオレットをポイントカラーに

Contrast — コントラストでメリハリを

2色配色
フォレストグリーン＋ラスト
クラシックな雰囲気を演出する配色

3色配色
イエローゴールド＋イエローグリーン＋パンプキン
ポップな色と組み合わせてカジュアルに

2色配色
ダークトマトレッド＋オリーブグリーン
シックなグリーンに個性をプラス

Which do you like?
比べてみましょう

「この組み合わせが好き！」と思い込んでコーディネートしてしまう、**NG**な配色例です。**OK**にしたとたん、パッと印象がかわりませんか？さて、あなたはどちらが素敵と思うでしょうか？

NG　　**OK**

グレーブルー＋マホガニー
落ち着いた色が似合うあなたはダークな色を選びがちですが、紺系は顔色を暗くします。

ターコイズ＋マホガニー
茶系と調和するターコイズで顔を晴れやかに見せながら、お洒落に変身しましょう。

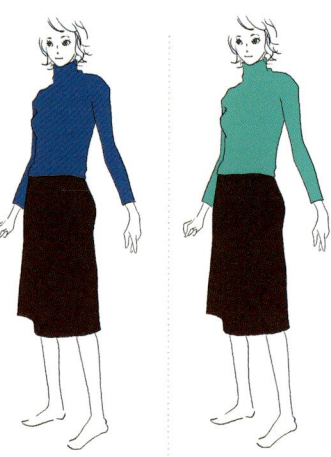

暖かい落ち着いた色を使って配色を楽しみましょう。

落ち着いた印象のあなたには、ビビッドな色やパステルカラーはNG！

ミディアムトゥルーグレー＋ディープバイオレット＋ネービーブルー
顔のまわりのブルーアンダートーンはあなたを淋しげな印象にします。

ゴールド＋ディープバイオレット＋ダークチョコレートブラウン
ベストカラーのゴールド系でセーターとのバランスをとり、粋に決めましょう。

フクシャ＋オリーブグリーン
はっきりした印象にあこがれて、鮮やかな色に惹かれても、ブルーアンダートーンのピンクは顔色を悪く見せてしまいます。

ダークトマトレッド＋オリーブグリーン
暖かみのあるディープオータムの赤を選ぶと顔色も冴えて素敵です。

自分で配色Lesson!

●巻末にある、あなたのシーズンカラーの配色チップを切り取り線にそってカットしましょう。
イラストの横にある四角の中に、好きなように並べてみます。どんな色の組み合わせができるのか、自分で試してみることも必要です。ひとつの色の占める面積がかわると、印象もずいぶん違うことに気付くはず。
新しく洋服などを購入する際に、このチップを持って出掛けてみては？色選びの参考になるかもしれません。

自分のシーズン以外の色と組み合わせるときには

＊ディープオータムのあなたは＊

「持っている洋服が、シーズンカラーのものじゃなかった！」、「違うシーズンのあの色がどうしても着てみたい！」。そんな時に知っておきたいポイントをアドバイスします。

●ディープオータムの色と合わせる
あなたのシーズンカラーです。
30色の中で自由に組み合わせを楽しみましょう！

●パステルサマーの色と合わせる
あなたは"低明度で深みを持つ色"が似合うので、パステルサマーの色を身につけると何となく寂しげで印象が薄くなってしまいます。自分のシーズンカラーの中から"補色"などの反対色を選んで色相にコントラストを付けましょう。

●ブリリアントウィンターの色と合わせる
ブリリアントウィンターの"無彩色"は明度の低いディープオータムの色とも配色しやすいでしょう。顔から離れたところに持ってくるようにしましょう。

●ブライトスプリングの色と合わせる
"明度"の差がありますが、同じイエローアンダートーンなので、基本的には調和します。ブライトスプリングの明るい色は、深くて濃い色の多いあなたのシーズンカラーの中の"アクセントカラー"として活用できることでしょう。違う色相同士でも自由に組み合わせを楽しみましょう。

Part.2

『暮らし』に提案！
テーマ別：
配色Lesson
For Lifestyle

毎日の生活をもっと素敵に過ごしたい！
でも、何をどうしたらいいかよくわからない…。
Part.2では、インテリアや香り、ラッピング、TPOに合ったイメージカラーと素材など、
パーソナルカラーを知ったあなたがもっと素敵に、より豊かに暮らせる色を紹介します。
それぞれのテーマはすべてフォーシーズンに分かれているので、必ず自分のシーズンを見てください。
その中にあるイメージカラーがあなたのキーカラーになります。
その色を選ぶことによって、もっと素敵な魅力が引きだされることでしょう。

77

テーマ別：配色Lesson

#1 あなたの香りとイメージカラー

色と香りはとても深い関わりをもっています。紫系統は大人の香り、甘い香りはピンク系、爽やかな香りはブルーやグリーン…。あなたに似合う香りとイメージカラーを知りましょう。

パステルサマー
Pastel Summer
● パウダーブルー

●似合う香り●
鎮静効果のある精油としても名高い「ラベンダー」は爽やかで清潔感のある香りです。中枢神経系のバランスをとり、心身の疲労を回復させてくれます。

●香りの色●
すぐれた消毒効果やデオドラント効果があり、安全性も高い香りのイメージカラーは「パウダーブルー」ソフトでもの静かな中にも明るさが感じられる色です。

●香り情報●
ラベンダー●学名：*Lavandula officinalis*●科名：キク科●抽出部位：花、葉●主産地：イタリア、フランス、モロッコ

ブライトスプリング
Bright Spring
● パステルイエローグリーン

●似合う香り●
おだやかでリラックス作用もある「カモミール」。やすらぎの色グリーンを喚起させます。この甘くフルーティな香りとマッチするのは、イエローアンダートーン。

●香りの色●
明るい「パステルイエローグリーン」。リンゴに似た甘い香りと自然体でリラックスした状態を示す色は、上手に人と接したいときや緊張をやわらげたいときにおすすめです。

●香り情報●
カモミール●学名：*Anthemis nobilis*●科名：キク科●抽出部位：花●主産地：イタリア、フランス、モロッコ

ブリリアントウィンター
Brilliant Winter
● マゼンタ

●似合う香り●
幸福感がイメージされる優雅な香りが「ローズ」。たくさんの花からわずかしか取れない高価な香りですが、香水や石鹸の原料としてもよく使われています。

●香りの色●
誰からも愛される美しい香りは、深い癒し効果もあり、ネガティブな感情を洗い流して前向きな気持ちに変えてくれます。もちろんイメージカラーはピンク。なかでも鮮やかな「マゼンタ」は女性ホルモンの分泌を促してくれます。

●香り情報●
ローズ●学名：*Rosa damascena*●科名：キク科●抽出部位：花●主産地：ブルガリア、モロッコ、トルコ、フランス

ディープオータム
Deep Autumn
● オレンジ

●似合う香り●
フルーティでやや苦味のある爽やかな「グレープフルーツ」。心身ともにリフレッシュさせ、積極的な気持ちをよみがえらせてくれます。身体的にはリンパ系を刺激し、体内の老廃物や水分を排出するので、むくみの解消に役立ちます。

●香りの色●
明るく開放的な香りから連想されるのは、楽しい色「オレンジ」です。

●香り情報●
グレープフルーツ●学名：*Citrus paradesi*●科名：ミカン科●抽出部位：果皮●主産地：アメリカ合衆国、ブラジル、イスラエル

テーマ別：配色Lesson

#2 あなたに似合う宝石

女性なら、誰でも興味のある宝石。自分に似合う宝石をキーカラーから見つけて、ファッションのコーディネートに役立てましょう。

パステルサマー
Pastel Summer
● パステルアクア

●似合う宝石●

メタルならプラチナ、ホワイトゴールド、シルバーのトーンのもの。パールはピンク、ホワイト、淡水パールなどがよく似合います。石を選ぶならサファイア、ガーネット、ダイヤモンド、アクアマリンなどを。

●おすすめは？●

少女のようにフレッシュなイメージで清潔感があり、いつまでも若々しくいたいあなたにぴったりなのは"アクアマリン"。古代ローマでは「昔の恋人の愛を取り戻す石」とされています。その名前の通り、澄みきった海の水を思わせる明るいブルーは、あなたのイメージによく合います。

ブライトスプリング
Bright Spring
● アイボリー

●似合う宝石●

メタルならイエローゴールド、ゴールドのトーンのもの。パールはクリームがかったもので、石を選ぶならダイヤモンド、ジルコン、トパーズ、オパールなどを。

●おすすめは？●

「虹の宝石」といわれている"オパール"。色が内部で動く遊色効果があるためで、複雑なきらめきはオパールだけの現象です。この多彩な色調からエネルギーを吸収し、再生をはかるアクティブな宝石はブライトスプリングのあなたによく似合います。またオパールは「キューピット・ストーン」愛の宝石とも呼ばれます。

ブリリアントウィンター
Brilliant Winter
● トゥルーレッド

●似合う宝石●

メタルならプラチナ、ホワイトゴールドなどのシルバートーンのもの。パールはホワイトパール、グレーパール。石を選ぶならサファイア、エメラルド、ルビー、オニキス、ダイヤモンドなどを。

●おすすめは？●

情熱をイメージする代表的な宝石は"ルビー"。最高の赤は"ピジョン・ブラッド"と呼ばれる真っ赤な鳩の血の色。「嫉妬や疑念をはらし、恋人を招き寄せる石」といわれています。落ち込んだときなど、身に付けているだけでエネルギッシュな気持ちにさせてくれることでしょう。

ディープオータム
Deep Autumn
● テラコッタ

●似合う宝石●

メタルならイエローゴールド、ゴールドトーンのもの。パールはクリームかブラウンの色合いのもので、石を選ぶならアンバー、ジュード、トパーズ、ダイヤモンド、トルコ石、アメジスト。

●おすすめは？●

紅葉した深い森の色、色づいた果物の色を思わせる暖かい色調の"アンバー"。和色名は"琥珀"です。この色には赤や茶、黄色などがあり、あなたのファッションカラーとマッチします。太古の昔、樹液が地中で化石となった有機質の宝石で樹脂光沢もあり、ボリュームのあるデザインが楽しめることでしょう。

テーマ別：配色Lesson

#3 あなたを引きたてる花

楚々とした花のブーケや、個性的で大胆な花束。フラワーアレンジメントで、もっともあなたを素敵に引き立てる"花"を知りましょう。贈り物にするときは、相手のシーズンカラーをチェックしてみては？

パステルサマー
Pastel Summer
- ローズピンク
- ラベンダー
- オーキッド

●同一色調でソフト配色●
血色のよいピンク系の頬とソフトな目の印象を持つあなたには、エレガントやロマンティックという言葉が似合います。暗く重い色や黄味の強い色はさけて、すっきりと爽やかなパステルカラーでまとめましょう。

●花束を作るなら●
薄い紫のデルフィニウム、スイートピーやピンクのバラ、チューリップ、ブルーのアジサイやムスカリなど。ラッピングペーパーやリボンもソフトな素材感のあるもので選びトータルイメージを大切にしましょう。

ブライトスプリング
Bright Spring
- ライトクリアゴールド
- ブライトイエローグリーン
- ライトオレンジ

●類似色相でリズム感●
明るくてキュート、楽しくて爽やかな印象の中にも親しみやすさが感じられるあなたには、黄、オレンジ、黄緑などの華やかな色が似合います。

●花束を作るなら●
パンジー、ミニバラ、デイジー、スイートピー、マーガレット、ガーベラ、チューリップなどの可愛い花。ミニ丈の花束や小さなボックスにコーディネートした小花のアレンジメントは、ホームパーティのプレゼントにもぴったりです。

ブリリアントウィンター
Brilliant Winter
- ロイヤルブルー
- エメラルドグリーン
- ブライトバーガンディ

●個性的な花でコントラスト●
黒い髪と黒い瞳、はっきりした顔立ちからは清冽なイメージがつたわります。鮮やかなピンクやブルー、白と黒といったはっきりした色のコントラストがあなたに似合うファッションカラー。同じようにビビッドカラーでまとめたバラの花束が素敵です。

●花束を作るなら●
真紅のバラや純白のカラー、カサブランカによる大ぶりな花束や個性的なアンスリウムなどを使ったアレンジメントで存在感をアピール。優しい花にはラッピングペーパーやリボンでコントラストをつけましょう。

ディープオータム
Deep Autumn
- イエローゴールド
- ライムグリーン
- シャルトルーズ

●アースカラーでナチュラル感●
知的で大人っぽい印象のあなたには、イエローや茶系統、グリーン系統をベースにして深くおさえた色が似合います。晩秋の頃の紅葉の色や深い緑など、自然界にあるアースカラーがテーマです。

●花束を作るなら●
自然の素材をいかした枝物、カラー、アーティチョークなどの個性的な花、ブラウン系のバラ、カーネーションなど。花材や色の雰囲気をいかした花束やアレンジメントで、シックなイメージを演出しましょう。

テーマ別：配色Lesson

#4 小物でセンスアップ

センスアップの決め手は"小物使い"。ファッションカラーをうまく着こなしても、
"何かおかしいな"と思うことはありませんか？イメージワードを再確認し、センスアップを目指して。

パステルサマー
Pastel Summer

ソフトホワイト　　ローズベージュ

●イメージワード●
優しいあなたの基本イメージワードは「エレガント」。

●似合う小物は？●
ソフトな雰囲気とマッチするアクセサリーは、飾り気のない繊細なプラチナネックレスや小さなイヤリングなどでシルバーが基本です。パールもOK。
バッグはケリータイプや柔らかな革で丸みを帯びたもの。靴は細めのピンヒールでリボンなどの飾りがついた甘い雰囲気のものからTストラップなど。もちろん実用的でかっちりしたファッションにはプレーンなパンプスを。

ブライトスプリング
Bright Spring

● パステルイエローグリーン　● アプリコット

●イメージワード●
明るく若々しいあなたの基本イメージワードは「プリティ」。

●似合う小物は？●
リボン、花のモチーフ、フリル使いなどが似合うあなたにはぶら下がるタイプのイヤリングや小ぶりでゴールドのアクセサリー、カラフルなビーズアクセサリーがよいでしょう。バッグは丸みのあるショルダータイプやストローバッグ、布のトートバッグなど。靴はリボン、花がついたフラットシューズやローヒール、ワンストラップやTストラップを。

ブリリアントウィンター
Brilliant Winter

● ブラック　● マゼンタ

●イメージワード●
人目に付くような印象深いあなたの基本イメージワードは「ドラマティック」。

●似合う小物は？●
アクセサリーはシャープなメタルブローチや石、金属素材はシルバー。大ぶりで存在感のあるもの、たとえば大胆なデザインのブレスレットや太目のベルトなどです。バッグはオーソドックスなハンドバッグタイプから、デザイン性重視のエナメルやビニール製の大きなショルダーバッグ。靴はバッグと揃いの配色のパンプスやローヒール、シャープなアンクルブーツを。

ディープオータム
Deep Autumn

● キャメル　● グレードイエローグリーン

●イメージワード●
自然で構えのない「ナチュラル」があなたの基本イメージワード。

●似合う小物は？●
木や石などの自然素材、アンティーク調のデザイン、大きめのゴールド素材をいかしたアクセサリー。バッグはスエードや籐のショルダー、布製のものやトートバッグ、デザイン性のある華やかなものなど。靴は太目のパンプスやスエードのローヒールやフラットシューズ、ルーズフィットなブーツなど。

テーマ別：配色 Lesson

#5 おいしい食卓のテーブルコーディネート

食事がおいしそうに感じられるかどうかは、テーブルコーディネートが決め手！
料理の腕前がぐんと上がるテーブルコーディネートの秘訣は、やっぱりカラー!!

パステルサマー
Pastel Summer
● パステルピンク　● ラベンダー

●テーブルコーディネート●
パステルサマーの基本イメージワードを覚えていますか？テーブルコーディネートもエレガントがキーワード。

●ポイントは？●
ショッキングピンクなどの強烈な色は似合わないので要注意。パステルピンクやラベンダーといった"優しい色合い"のテーブルクロスやランチョンマットを選びましょう。食器は、淡い花柄や流線模様の入った白い器をセレクトして。ソフトカラーはあなたのムードにふさわしい色です。

ブライトスプリング
Bright Spring
● ライトオレンジ　● ライトクリアゴールド

●テーブルコーディネート●
明るくキュートなあなた。コーディネーションで大活躍するのは、色使いのかわいい紙ナプキンやお菓子、飲み物のボトル、絵皿など。どれも楽しいパーティーにぴったりするものばかり。

●ポイントは？●
オレンジのランチョンマットやレッド、イエローのギンガムチェックのテーブルクロスでコーディネートしましょう。この食卓で"親しみやすいコーディネート"を楽しむことができます。

ブリリアントウィンター
Brilliant Winter
● マゼンタ　● チャイニーズブルー

●テーブルコーディネート●
個性的でシャープなあなたには、思いっきりポップな色合わせで盛り上げた食卓がよく似合います。友達を招いてのホームパーティーは楽しさが最大のおもてなしです。

●ポイントは？●
鮮やかなマゼンタやチャイニーズブルーなどブリリアントウィンターのパレットを総動員して"はずむような感じ"を演出したり、テーマカラーを決めてまとめます。例えばブルーレッドをテーマカラーにして、赤ワインやラディッシュサラダ、メニューや紙ナプキンの色を統一すれば、色のインパクトを前面に出したコーディネートのでき上がりです。

ディープオータム
Deep Autumn
● ライムグリーン　● フォレストグリーン

●テーブルコーディネート●
自然のグリーンを使って、長い葉の上にサンドウィッチやカナッペをのせたり、アジアンテイストの磁器や籐のランチョンマットがおすすめ。

●ポイントは？●
アースカラーがテーマカラー。大地の色、ブラウンやベージュ、落ち着いたグリーンは暖かみのある食卓を演出します。

テーマ別：配色Lesson

#6 インテリア上手になる

部屋をよく眺めてみると、様々な色があふれていませんか？"なんとなく落ちつかない…、ごちゃごちゃしていてまとまりがない！"。そう感じる人は、自分の部屋の中にある"色"を確認してみましょう。

パステルサマー
Pastel Summer
- パステルブルーグリーン
- パウダーピンク

●インテリアの傾向●
壁や天井、床の色を明るくすると部屋を広く見せることができます。天井の色は白くすると"高さ"を感じることができるでしょう。人気の高いフローリングにするなら"明るめのもの"を選ぶこと。また、床と壁の境にある幅木は細くし、床や壁の色と統一させることが広く見せるポイントです。

●おすすめは？●
ソフトな色使いで部屋をエレガントにコーディネートしましょう。明るいフローリングの床に白い壁、カーテンやソファもブルーやグリーン、ピンクなどの色でまとめ、アクセントに小花模様のクッションなどを置いて素敵に演出します。

ブライトスプリング
Bright Spring
- ブライトコーラル
- ピーチ

●インテリアの傾向●
色としてまとまりはあるけれど、どことなく殺風景で寂しい感じの部屋になっていませんか？もしそうならば、それは"白やグレーなどのモノトーン"でまとめているせいかもしれません。また、ブルーなどの寒色系の色も寒々とした雰囲気になり、あなたにはおすすめではありません。

●おすすめは？●
黄色やオレンジが得意なのがあなた。明るい色を積極的に取り入れて"リズム感"を出したり、カーテンやクッションをピンクにしてみるなど、部屋全体に表情を出しましょう。色をプラスするだけでグッと明るい雰囲気になります。

ブリリアントウィンター
Brilliant Winter
- ロイヤルブルー
- フクシャ

●インテリアの傾向●
ブリリアントウィンターのあなたは、シックなインテリアカラーでまとめたのに"重苦しく"感じたり、くすんだ印象で"所帯じみた部屋"になってしまったことはありませんか？原因は、クッションや時計、スリッパなどの色がうまくいかされてないから。メリハリのない色ばかりでは部屋の雰囲気も無味乾燥になってしまいます。

●おすすめは？●
あなたに必要なのは、"心をウキウキさせてくれる"ようなアクセントカラー。モダンでシンプルなラインのソファにロイヤルブルーやフクシャのクッションを置くなど、シャープな色使いでメリハリを出し、部屋に元気をプラスしましょう。

ディープオータム
Deep Autumn
- ウォームベージュ
- イエローゴールド

●インテリアの傾向●
きちんと整理整頓されているのにもかかわらず"雑然とした"雰囲気ではありませんか？色の絞り込みが大切。まとまりを考えずに購入してしまった物があちこちにあふれ、それぞれの色が主張している部屋では、くつろぐことができません。

●おすすめは？●
ディープオータムのあなたにはシックで落ち着きのあるインテリアが似合うので、まずは、ウォームベージュを基調色にして"色の統一"を心がけましょう。小物はイエローゴールドなどで揃えてまとまり感をだすことがポイント。

テーマ別：配色Lesson

#7 ラッピング上手になる

プレゼントを贈るときにあなたのセンスがわかります。重要なのがラッピング。包装紙やリボンの色を上手に使って"あなたらしさ"を贈りましょう。

パステルサマー
Pastel Summer
- スカイブルー
- オーキッド

●選ぶ色は？●
優しさや愛情の深さを表すプレゼントを考えているあなたにふさわしい色は、ピンク。その中でも、大人っぽい「オーキッド」があなたの思いやりを伝えてくれる色。ピンクは現在の自分に満足している状態を示すとともに、誰かに頼りたい気持ちも表します。

●贈りものには●
包装紙がピンクなら、リボンは対照的なブルーやパープルでアクセントをつけます。女性から男性へ贈る場合は反対に！包装紙をブルーにし、優しい素材のピンクのリボンを選びます。

ブライトスプリング
Bright Spring
- ブライトゴールデンイエロー
- ミディアムイエローグリーン

●選ぶ色は？●
明るく輝くようなイエローは陽気でワクワクするような楽しい色。あなたの開放的でのびやかな性格がそのままストレートに伝わります。誰かに甘えたいとき、思わず選んでしまう色が「ブライトゴールデンイエロー」なのです。

●贈りものには●
気のおけない友人にはポップ柄やチェック柄にオレンジとグリーンのリボンを結んでカジュアルに。ちょっと気になる人には鮮やかなイエローをそのままいかしてラッピングを。

ブリリアントウィンター
Brilliant Winter
- ライトトゥルーグレー
- ライトトゥルーグリーン

●選ぶ色は？●
グリーンはイエローとブルーの混色で生まれた色。"外向性と内向性"のバランスを表しながら、物事に対する慎重さをイメージさせます。中でも、明るく爽やかな「ライトトゥルーグリーン」からは"バランスのとれた心理状態"が読み取れます。

●贈りものには●
個性派のあなたがプレゼントを贈るなら、ライトトゥルーグリーンの包装紙にシルバーのリボンで高級感を出してみましょう。グレーの包装紙に幅広に結んだグリーンのリボンでラッピングしてもお洒落。

ディープオータム
Deep Autumn
- サーモン
- ターコイズ

●選ぶ色は？●
日頃からお世話になっている家族や知人へのプレゼントには、感謝の気持ちを込めて、温かさがつたわるラッピングペーパーを選びましょう。なかでも家庭的な雰囲気でイヤミのない「サーモン」はおすすめ。

●贈りものには●
リボンも同系色の濃淡でまとめ、よりピンクのイメージを出したり、あるいは反対色のブルーでメリハリをつけたコントラスト配色もよいでしょう。

#8 恋に成功する色は

"恋を成功させたい!"。そんなときの決め手は色合わせ。あなたによく似合うキーカラーの洋服や小物を身に付ければ大丈夫。あなたの魅力をじゅうぶん引き出す、"色"が味方になってくれるはず。

パステルサマー

Pastel Summer

パステルピンク

●あなたの印象●

パステルサマーのあなたには、紫陽花の花に代表されるようなやわらかな優しさがあり、エレガントで優雅な人といった印象をまわりに与えます。性格的にも優しくて人当たりがよく奉仕の精神も大きいのですが、頼まれるとイヤと言えない親切さ、世話好きの面がマイナスに出てしまうと自主性に欠けると思われてしまうこともありそう。

●サクセスカラー●

恋のサクセスカラーは「パステルピンク」自分の持ち味を好きな人にアピールすることができる甘い色です。

ブライトスプリング

Bright Spring

ライトウォームアクア

●あなたの印象●

明るくてキュート。いつまでも若々しく、そばにいるだけで楽しさが伝わってくるようです。性格は、明るくて親しみやすさがあります。たいへんよく気がつき、周囲に目を配るサービス精神も旺盛なので、他人からも思いやりのある人と受け取られています。

●サクセスカラー●

人付き合いが上手で穏やか、人を立てることを知っているあなたにふさわしい恋のサクセスカラーは「ライトウォームアクア」さわやかなイメージで、彼にアプローチしてみては?

ブリリアントウィンター

Brilliant Winter

ネービーブルー

●あなたの印象●

個性的でシャープ、まわりの人を引きつけるインパクトがあります。性格は、習慣やルールにとらわれない進歩性や独創性があり、決断力と実行力に富んでいるので、エネルギッシュでマメな人とまわりの人からは思われています。思考も柔軟で理解の幅も広く、アイディアも豊富。

●サクセスカラー●

そんなあなたの自主性や独立心にエールを送る恋のサクセスカラーは「ネービーブルー」深みのある色がより恋人の信頼を高めます。

ディープオータム

Deep Autumn

ダークトマトレッド

●あなたの印象●

大人っぽくて知的、深みのある落ち着いた印象があります。性格は、どちらかというと大まかで緻密さにかけている独断の人と思われがちな人が多いようです。自分の考えを決して曲げない頑固なところもありますが、それは独立心が旺盛で、ものごとに対して前向きで行動的だから。

●サクセスカラー●

ロマンチストで理想も高く、感情が豊か。友達や家族想いの人情味にもあふれているあなたにおすすめは、「ダークトマトレッド」暖かいパワーの色で彼をとりこにしましょう。

テーマ別：配色Lesson

#9 あなたのパーティスタイル

パーティで多くの人が集まるところでは、あなたが主役。新年会や祝賀会などの晴れの場にのぞむときは、自分のイメージワードと似合う色でコーディネートしましょう。

パステルサマー
Pastel Summer

- ソフトホワイト
- ローズベージュ
- パウダーピンク

●イメージワード●

あなたのパーティシーンは「ロマンティック」がイメージワード。フレアーやギャザー入りのデザインでジョーゼット素材や、花柄、流れるような曲線柄やレース使いをいかしたブラウス、スカート、ワンピースでコーディネート。

●小物類は？●

パステルカラーが似合います。甘くなりすぎないように注意しましょう。ジュエリーは繊細な銀製品やパールを中心に、柔らかな皮でビーズをあしらったバッグも素敵です。

ブライトスプリング
Bright Spring

- バフ
- ライトクリアネービー
- クリアブライトアクア

●イメージワード●

「キュート」がイメージワード。曲線をふんだんに使ったデザインや胸元を大胆にカットしたもの、タンクトップスタイルなどで可愛らしさの中にもどこかにセクシーさが感じられる装い。

●小物類は？●

光沢感のあるサテンやレザー、スパンコール使いも楽しい。パーティシーンでは多色配色が着こなせるブライトスプリングの特徴をおおいにいかして色石やビーズアクセサリーをプラスしましょう。

ブリリアントウィンター
Brilliant Winter

- ミディアムトゥルーグレー
- ブラック
- トゥルーブルー

●イメージワード●

シャープで都会的な「モダン」がイメージワード。黒が似合いますが、着なれた色であっても個性的なシルエットをいかしたパンツスタイルや、はっきりした顔の印象を意識して、コントラストを効かせた色をプラスすればOK。

●小物類は？●

アクセサリーは、人目をひくメタリックや石素材風のものをメインにインパクトを出せば、シンプルな中にもあなたのモダンさがきわだちます。

ディープオータム
Deep Autumn

- ゴールド
- イエローゴールド
- オレンジ

●イメージワード●

華やかで大胆な「ゴージャス」がイメージワード。大柄のプリントや、ラメなどの光沢のある素材のパンツスーツ、切り替えのあるデザインをいかしたロングスカートやワンピースなど、ちょっと違ったあなたを演出してみましょう。

●小物類は？●

大きめで凝ったデザインのアクセサリーやブレスレットをたくさんつけてみるのも素敵。ディープオータムのカラーパレットにある色石にも挑戦してみては？

> テーマ別：配色Lesson

#10 あなたのアウトドア・レジャースタイル

アウトドアやレジャーなどの"遊び着"。外にでかけて遊ぶ機会も多い休日、あなたはどんな装いででかけていますか？休日こそあなたらしいファッションカラーを楽しんで！

パステルサマー
Pastel Summer
- ペリウィンクル　● ラベンダー

● イメージワード ●

あなたのアウトドアスタイルは「シンプル」。実はすっきりしたシャツにデニムのパンツスタイルが最も似合うのは、あなた、パステルサマーの人なのです。

● どんなスタイル？ ●

飾り気のないシンプルな装いが、パステルサマーのソフトな親近感をより効果的に見せてくれます。ジャージーやポリエステル、木綿素材でさわやかに、アクセサリーは避けて、素朴な雰囲気でまとめましょう。

ブライトスプリング
Bright Spring
- ライトウォームベージュ　● ライトオレンジ

● イメージワード ●

気軽で親しみやすい「カジュアル」スタイルを心がけましょう。Tシャツと綿パンやコーデュロイのパンツ、ギンガムチェックやボーダー柄、小さな水玉模様などが似合います。

● どんなスタイル？ ●

小さなスカーフを首まわりにつけてアクセントにしたり、布バッグやバケツタイプのバックにつけても軽快さがでます。プラスチックの指輪やネックレス、ブレスレットなど、遊び感覚のものを楽しみましょう。

ブリリアントウィンター
Brilliant Winter
- ピュアーホワイト　● ネービーブルー

● イメージワード ●

嫌みのない「ダンディ」な装いがブリリアントウィンターのアウトドアスタイル。スカートよりもパンツ、ジャージや木綿素材、ニット素材で動きやすく男性的な雰囲気を出したほうが似合います。

● どんなスタイル？ ●

マニッシュなタイプの時計や、黒やグレーのフレームが目立つサングラスを合わせたり、太目のベルトやシルバーで大きめのアクセサリーをするのもダンディスタイルには合います。

ディープオータム
Deep Autumn
- ウォームベージュ　● モスグリーン

● イメージワード ●

「スポーティ」な装いがディープオータムのアウトドアやレジャーシーンのイメージです。洗いざらしのデニムやスエード、コーデュロイやレザーなどでストレートなラインをいかしたデザインの中にスポーツウエアの機能を取り入れましょう。

● どんなスタイル？ ●

布バッグやゆったりしたマチのあるショルダー、ベルトにとりつけた腰まわりのバッグなどが、機能性とスタイル作りのポイントに。

テーマ別：配色Lesson

#11 あなたのビジネススタイル

ビジネスシーンの装いは、落ち着いてしっかりとした印象を与えることが大切。
スーツやバッグ、名刺入れなどの色と、イメージワードを確認しましょう。

パステルサマー
Pastel Summer

- グレーブルー
- パウダーブルー
- スカイブルー

● イメージワード ●

あなたのビジネススタイルは「クラシック」をイメージワードに。かっちりした中にもやわらかなラインが感じられるものを選びましょう。地味におもわれがちなブルーもおしゃれに着こなすことができるので、パステルサマーの中から自由に選びましょう。

● 選ぶ色は？ ●

ブルーがおすすめ。エンジやグレーもOKですが、装飾性のあるデザインや体の線を強調するものは避けましょう。

ブライトスプリング
Bright Spring

- ライトウォームグレー
- ライトクリアネービー
- ライトクリアゴールド

● イメージワード ●

「アクティブ」をイメージワードに。あまりかっちりしすぎるスタイルは似合わないので、活動的で若々しい雰囲気でまとめます。ジャケットはカラフルにしてパンツやミディ丈のスカートを組み合わせ、肩の凝らない動きのあるスタイルを心がけましょう。

● 選ぶ色は？ ●

あくまでもビジネスの場であることを忘れずに。カジュアルほどラフな感じではなく"少し緊張感を残したスタイル"を。

ブリリアントウィンター
Brilliant Winter

- ピュアーホワイト
- ライトトゥルーグレー
- チャコールグレー

● イメージワード ●

オーソドックスで正統派スタイルの装い「フォーマル」がイメージワード。流行にとらわれないコンサバティブなデザインスーツや飾り気のないシャープですっきりしたものを選びましょう。

● 選ぶ色は？ ●

「フォーマル」はブリリアントウィンターの中では、コントラストをつけずにオーソドックスにまとめるのがポイント。無地で単色、または色を絞ってシンプルに。バッグや靴も同じです。

ディープオータム
Deep Autumn

- ウォームベージュ
- ダークチョコレートブラウン
- マホガニー

● イメージワード ●

イメージワードは「シック」です。ウエストをシェイプしたり、オーソドックスなデザインでありながらボタンがアクセントになっていたりなど、どこかにポイントを絞ったコーディネートでセンスを感じさせましょう。

● 選ぶ色は？ ●

ざっくりしたテクスチャーのある素材が似合います。また、ディープオータムのカラーパレットには、深く落ち着いた色が多く揃っているので色選びに困ることはありません。

テーマ別：配色Lesson

#12 あなたに向く仕事

フォーシーズンで違う、それぞれの性格とイメージ。あなたの印象度と向いている職業はどれでしょう。
キーカラーがあなたの勝負色。

パステルサマー
Pastel Summer
● ローズ

●あなたの印象●

冷静沈着でいつも変わらぬこやかな態度、まわりからの信頼も厚いことでしょう。誠実で社会的義務感にあふれているあなたは、ビジネスの世界では"能力のあるやり手"と思われています。しかし細かいことに気を使うタイプなので、新しいことに慎重すぎて、優柔不断な印象を持たれてしまう事もありそう。

●向いている職業●

「堅実派」といえるあなたに向いているのは、秘書やサービス業、翻訳家、税理士、社会保険労務士、トレース業などです。

ブライトスプリング
Bright Spring
● ライトクリアゴールド

●あなたの印象●

責任感が強く粘り強さも持っているので、仕事をさせると、丁寧にやりとげることができます。
しかし、まじめすぎると"面白みのない人"と思われることもありそう。筋を通さないと気がすまない厳正さとさっぱりした思い切りのよさもあります。

●向いている職業●

「穏健派」のあなたに向いているのは、保育士、幼稚園の先生、花屋、カウンセラーなど社会福祉やコンサルタントの仕事です。

ブリリアントウィンター
Brilliant Winter
● ロイヤルパープル

●あなたの印象●

インパクトがあり、スター性も感じられるあなた。野心家でもあるのですが、繊細な神経の持ち主なので、他人のことが気になってしかたがない面もあります。この繊細さをいかして他人とコミュニケーションを上手にとれば、あなたのよさをわかってもらえるはず。

●向いている職業●

「個性派」のあなたに向いているのは、スタイリスト、アパレル関係、美容師、エステティシャン、デコレーター、コピーライター、アナウンサーなどです。

ディープオータム
Deep Autumn
● オレンジ

●あなたの印象●

自尊心が強く、不屈の精神力を持っていますが、時として、ケンカ早く反抗的で強情と思われることもありそう。無意識のうちに人をきずつけてしまいがちですが、もともとは、素直でおおらか、フトコロの深い人です。その部分を表面に出すようにすれば、誤解を受けることもなくなるでしょう。

●向いている職業●

「実践派」のあなたには、自由業、アートディレクター、レポーター、グラフィックデザイナーなどのマスコミ、広告関係が向いています。

色の仕事

今回この本を手にしたあなた、ファッションだけではなく、さまざまな場面で「色」の持つ不思議な力が利用されているのを感じていただけましたか？
奥深い「色」の勉強をもっとすすめていくと、こんな仕事の現場で役に立ちます。

パーソナルカラリスト

- ファッション
- メイクアップアーティスト
- 美容師

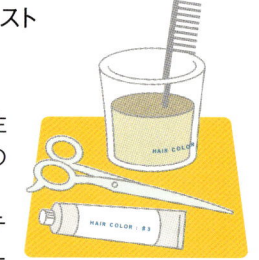

パーソナルカラリストは主にファッション、美容関係の現場で活躍しています。カラーアンダートーンシステムを使って、お客様のシーズンカラー「自分色」を診断し、さらに一人一人に似合うファッションやアクセサリー、メイクアップ、ヘアカラーなどのアドバイスを行います。お客様の魅力をそれ以上に引き出す色をアドバイスをすることで、お客様の喜び、自分の喜びが得られます。
個人の魅力アップに「色」の知識が役に立ちます。

トータルカラリスト

- 各種商品開発
- パッケージデザイン
- インテリアデザイン

トータルカラリストの活躍する場はたくさんあります。例えば、お菓子のパッケージデザインでも、売れるインパクトのある「色」が存在します。他にも、高齢者施設でお年寄が心地よく、安全に利用できるような「色」の計画があります。
商品企画の現場や、建築の分野でも「色」の知識が役に立ちます。

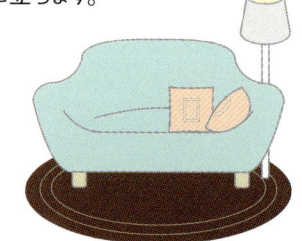

カラーコンサルティングの実際

カラーコンサルティングをスタジオで実際に行う場合、下のツールを使って診断します。

本格的に色彩を学んでいる人でなくても、この本で"もっと色のことが知りたい！"と思った人はいませんか？
毎日の暮らしに「色」は欠かせません。"色に関する仕事"をしている人や、絵画の配色、パッチワークの配色といった趣味、インテリアなどの暮らしのいろいろなシーンでカラーアンダートーンシステムは役立つことでしょう。

テストカラードレープ 
ブルーアンダートーン 
イエローアンダートーン

パーソナルカラーカード 
ブルーアンダートーン 
イエローアンダートーン

カラーガイド 
ブルーアンダートーン 
イエローアンダートーン

スウォッチ

MYMアレンジチャート
（心理でわかる色と香り）

※商品のお問い合わせは次のページをご覧ください。

フローラルカラリスト

- ●花屋
- ●テーブルコーディネーター

フローラルカラリストの活躍する現場は、花屋だけではありません。「色」の勉強をすることで、花を使ったトータルな空間演出ができます。テーブルコーディネートやテーマカラーに沿ったウィンドウディスプレイなど、「色」を知ることで花の仕事が広がります。もちろん様々な場面でイメージにあったセンスのよい花束を、配色を考えて花材を選んで作ることにも、「色」の知識が役に立ちます。

カラーセラピスト

- ●セラピスト

カラーセラピストは「色」を通して相談者の「こころ」に寄り添う仕事です。
色の持つ感情効果や連想などの心理的効果を活用して、無意識の世界に近づき心の解放をはかる試みのことです。色は過去の記憶を呼び起こし、色について語り合っているうちに自分を客観的に見つめることもできます。相談者の自己発見を「色」でお手伝いします。

ヨシタミチコ

1988年株式会社カラースペース・ワム設立。
自治省(現総務省)「文化の街づくりレディースフォーラム」の委員を経て、色の感情効果や生理的・機能的効果などの専門知識に基づき、街並や衣・食・住の色彩計画を手がけている。また、色彩のプロを養成するカラリストスクール・ワムI.C.Iを主宰し、東京、大阪校の卒業生は、'04現在2000名を越える。

NHK「おしゃれ工房」「首都圏ネットワーク」「いっと6けん」などテレビ、講演、雑誌取材など多数。

著書に「カラーアレンジメント」「フローラルカラリスト」「ヨシタミチコの色彩レッスン」「ヨシタミチコの色彩術」「色彩のプロをめざす、あなたに『色の仕事のすべて』」(以上、誠文堂新光社)「自分色発見事典」(祥伝社)「色彩心理ノート」(永岡書店)「ハローキティ カラー心理ゲーム」(サンリオ)「ヘアカラー色彩学」(日本ヘアカラー協会共著/新美容出版社)など多数。

日本色彩学会評議員
(社)インテリア産業協会関東甲信越支部委員
(社)日本ブライダル事業振興協会/少子化・非婚化対策委員
フラワーデコレーター協会理事長

カラリストスクール・ワムI.C.Iでは色彩のプロ
"カラリスト"を目指す皆さんを応援しています。
A.トータルカラリストコース
B.パーソナルカラリストコース
C.フローラルカラリストコース
D.色彩心理・カラーセラピストコース
＊この他、短期集中や通信教育のコースもあります。
お問合せ：カラリストスクール・ワムI.C.I事務局
〒150-0001　東京都渋谷区神宮前6-25-8
TEL 03-3406-9181 FAX.03-3406-9182
http://www.color-space-wam.co.jp

本書の全部または一部を無断で複写、複製することは
著作権法上での例外を除き禁じられています。

staff
撮影：秋枝俊彦
スタイリング：伊藤りか
イラスト：田村則子
ブックデザイン：中田聡美
企画・編集：E&Gクリエイツ(担当・長岡理恵)

センスを磨く！色彩レッスン

著者　ヨシタミチコ
発行者　深見悦司
印刷所　株式会社東京印書館

発行所
成美堂出版
〒162-8445　東京都新宿区新小川町1-7
電話(03)5206-8151　FAX(03)5206-8159

©Yoshita Michiko 2004
PRINTED IN JAPAN
ISBN4-415-02510-2

落丁・乱丁などの不良本はお取り替えします
●定価はカバーに表示してあります

切って使えるカラーチップ／パステルサマー

切って使えるカラーチップ／ブライトスプリング

1 ブライトスプリング	2 ブライトスプリング	3 ブライトスプリング
4 ブライトスプリング	5 ブライトスプリング	6 ブライトスプリング
7 ブライトスプリング	8 ブライトスプリング	9 ブライトスプリング
10 ブライトスプリング	11 ブライトスプリング	12 ブライトスプリング
13 ブライトスプリング	14 ブライトスプリング	15 ブライトスプリング
16 ブライトスプリング	17 ブライトスプリング	18 ブライトスプリング
19 ブライトスプリング	20 ブライトスプリング	21 ブライトスプリング
22 ブライトスプリング	23 ブライトスプリング	24 ブライトスプリング
25 ブライトスプリング	26 ブライトスプリング	27 ブライトスプリング
28 ブライトスプリング	29 ブライトスプリング	30 ブライトスプリング

切って使えるカラーチップ／ブリリアントウィンター

1 ブリリアントウィンター	1 ブリリアントウィンター	1 ブリリアントウィンター	2 ブリリアントウィンター	2 ブリリアントウィンター	2 ブリリアントウィンター	3 ブリリアントウィンター	3 ブリリアントウィンター	3 ブリリアントウィンター
4 ブリリアントウィンター	4 ブリリアントウィンター	4 ブリリアントウィンター	5 ブリリアントウィンター	5 ブリリアントウィンター	5 ブリリアントウィンター	6 ブリリアントウィンター	6 ブリリアントウィンター	6 ブリリアントウィンター
7 ブリリアントウィンター	7 ブリリアントウィンター	7 ブリリアントウィンター	8 ブリリアントウィンター	8 ブリリアントウィンター	8 ブリリアントウィンター	9 ブリリアントウィンター	9 ブリリアントウィンター	9 ブリリアントウィンター
10 ブリリアントウィンター	10 ブリリアントウィンター	10 ブリリアントウィンター	11 ブリリアントウィンター	11 ブリリアントウィンター	11 ブリリアントウィンター	12 ブリリアントウィンター	12 ブリリアントウィンター	12 ブリリアントウィンター
13 ブリリアントウィンター	13 ブリリアントウィンター	13 ブリリアントウィンター	14 ブリリアントウィンター	14 ブリリアントウィンター	14 ブリリアントウィンター	15 ブリリアントウィンター	15 ブリリアントウィンター	15 ブリリアントウィンター
16 ブリリアントウィンター	16 ブリリアントウィンター	16 ブリリアントウィンター	17 ブリリアントウィンター	17 ブリリアントウィンター	17 ブリリアントウィンター	18 ブリリアントウィンター	18 ブリリアントウィンター	18 ブリリアントウィンター
19 ブリリアントウィンター	19 ブリリアントウィンター	19 ブリリアントウィンター	20 ブリリアントウィンター	20 ブリリアントウィンター	20 ブリリアントウィンター	21 ブリリアントウィンター	21 ブリリアントウィンター	21 ブリリアントウィンター
22 ブリリアントウィンター	22 ブリリアントウィンター	22 ブリリアントウィンター	23 ブリリアントウィンター	23 ブリリアントウィンター	23 ブリリアントウィンター	24 ブリリアントウィンター	24 ブリリアントウィンター	24 ブリリアントウィンター
25 ブリリアントウィンター	25 ブリリアントウィンター	25 ブリリアントウィンター	26 ブリリアントウィンター	26 ブリリアントウィンター	26 ブリリアントウィンター	27 ブリリアントウィンター	27 ブリリアントウィンター	27 ブリリアントウィンター
28 ブリリアントウィンター	28 ブリリアントウィンター	28 ブリリアントウィンター	29 ブリリアントウィンター	29 ブリリアントウィンター	29 ブリリアントウィンター	30 ブリリアントウィンター	30 ブリリアントウィンター	30 ブリリアントウィンター

切って使えるカラーチップ／ディープオータム

1 ディープオータム	2 ディープオータム	3 ディープオータム
4 ディープオータム	5 ディープオータム	6 ディープオータム
7 ディープオータム	8 ディープオータム	9 ディープオータム
10 ディープオータム	11 ディープオータム	12 ディープオータム
13 ディープオータム	14 ディープオータム	15 ディープオータム
16 ディープオータム	17 ディープオータム	18 ディープオータム
19 ディープオータム	20 ディープオータム	21 ディープオータム
22 ディープオータム	23 ディープオータム	24 ディープオータム
25 ディープオータム	26 ディープオータム	27 ディープオータム
28 ディープオータム	29 ディープオータム	30 ディープオータム